KB215132

만남의 기술
〈첫 1분〉을 훔쳐라

만남의 기술
〈첫 1분〉을 훔쳐라

나이토 요시히토 지음
홍영의 옮김

행복
포럼

이 책은 '낯선 사람을 처음 만났을 때 그 만남을 내게 유리한 방향으로 유도하려면 어떻게 해야 하는가' 하는 문제에 포커스를 맞췄습니다. 우리는 살아가면서 입사·입시 면접, 세일즈 영업, 데이트, 상담, 협상 등에서 수많은 '첫 대면'을 체험합니다.

이 책은 그 어색한 상황에서 승리하도록 하는 상큼한 어드바이스들을 담았습니다.

심리학자인 지은이는 "첫 대면은 만난 지 1분 안에 성패가 결정된다"고 지적합니다. 이는 우리도 인생 경험상 매우 공감합니다. 지은이는 성패의 관건인 〈첫 1분〉을 장악하는 다양한 심리적 기법들을 제시합니다. 이들 기법은 저명 심리학자들의 실험에 의해 입증된 과학적 지식입니다.

이 책은 전문지식이 전혀 없는 일반인이 쉽게 읽고, 쉽게 실천할 수 있는 내용들을 담은 실용서여서 독자 여러분에게 많은 도움이 될 것으로 생각합니다.

행복포럼 발행인   김 창 기

[지은이의 말]

스모(일본 씨름)에서는 처음 마주 노려보며 일어서는 순간에 승패가 결정된다고 한다. 똑같은 말이 비즈니스에서도 적용된다. 최초의 60초에 의해 면접, 상담, 판매, 교섭, 프레젠테이션, 영업, 타협의 성패가 결정된다고 나는 단언한다.

최초 60초에 상대에게 선수를 빼앗기면 갈팡질팡하는 사이에 원하지도 않은 주문을 강요당해 꼼짝달싹하지 못하게 되어 버린다. 혹은 최초 60초에 미움을 사면 그 다음에는 아무리 발버둥 쳐도 호감을 살 수 없다.

누구나 희미하게 이 사실을 깨닫고 있다. 그러나 '그렇게 하려면 어떻게 해야 하는가?' 라는 구체적인 전략을 전혀 알지 못하기 때문에 모두 깨닫지 못하고 있는 것처럼 지낸다. '최초의 60초가 중요하다'는 사실에서 눈길을 돌려도 그 사실은 사라지지 않는다. 하지만 번민하는 것이 고통스럽기 때문에 미처 깨닫지 못한 체 하고 있는 것이다.

그러나 그런 걱정은 이제 할 필요가 없다.

그 이유는 내가 최초 60초의 사용법을 철저히 가르쳐 줄 것이기 때문이다. 어떻게 하면 첫 대면에서 좋은 인상을 줄 수 있을까, 어떻게 하면 자신의 매력을 인정받도록 할 수 있을까, 어떻게 하면 심리적으로 우위에 설 수 있을까, 어떻게 하면 기타 많은 사람들보다 먼저 앞으로 나갈 수 있을까…. 아마도 독자 여러분이 안고 있는 이런 의문들은 이 책을 읽으면 모두 얼음 녹듯이 해결될 것이다.

'최초의 60초라는 것이 그렇게 중요한가?'

어쩌면 이런 의문을 갖는 사람이 있을지 모른다. 하지만 이와 같은 의문을 풀지 않고서는 다음 이야기를 진행하기가 어려우므로 내가 여기서 두어 가지 질문을 하겠다.

"최초의 60초를 중요시하지 않는 당신은 일을 잘 하고 있습니까?"

"아니, 그보다 당신의 방법으로 이익은 오르고 있습니까?"

"최초에 전력을 다하지 않고 언제 전력을 다할 겁니까?"

"도중에서 힘을 낼 겁니까? 그렇게 해서 정말로 잘 나갑니까?"

물론 나는 여러분을 추궁하고 싶어서 이런 질문을 하는 것은 아니다. 내가 말하고 싶은 것은 최초의 60초를 경시해서는 일이나 인간관계를 원만하게 처리한다는 것은 바랄 수 없다는 것이다.

최근의 비즈니스 특히 인간관계에서는 장거리 마라톤보다 오히려 단거리 100m 경주에 가까운 발상이 필요하다. 스타트에서 뒤지면 치명적이다. 과거 비즈니스에서는 느긋하게 인간관계를 형성하고 자신의 매력을 유유히 상대에게 전할 수도 있었지만 현재는 그런 한가한 말을 하고 있을 수 없다. 최초의 60초에 자신의 매력, 실력, 기능, 기술, 경험, 지식을 충분히 과시하지 않으면 일의 의뢰도 들어오지 않으며 상대와의 인연도 끊어져 버린다.

'하지만 고작 1분 동안에 그렇게 많은 것을 할 수 있을까?'

이렇게 생각하는 독자가 있을지 모른다.

그런데 결론은 '할 수 있다'는 것이다.

고작 60초라도 유용하게 사용하면 믿을 수 없을 정도로 많은 것을 할 수 있다. 자신의 매력을 실제 이상으로 부풀릴 수 있다. 자신을 지적이고 유능한 인간 혹은 경력이나 경험을 가지고 있는 것처럼 과시할 수 있다. 성장 과정이 좋은 고상한 인간이라고 생각하게 만들 수도 있다. 이밖에 여러 가지를 단 1분 만에 충분히 할 수 있다.

그 구체적인 방법을 이제부터 이 책에서 차분히 설명해 나가고자 한다.

나이토 요시히토

[차례]

승부가 '최초의 1분' 에
결정되는 이유는?

1. 성패의 80%가 '여기'서 결정되고 있었다

독자 여러분은 우리들의 '첫인상'이 어느 정도의 시간에 형성된다고 생각하는가.

예를 들면 낯선 사람을 만났다고 가정할 때 어느 정도 함께 있으면 '당신은 이런 사람이군' 하고 평가할 수 있다고 생각하는가.

하루? 아니면 1시간?

아니 그럴 여유가 전혀 없다. 대답을 하면 '최초의 1분간'이다.

'아니, 그렇게 짧은 시간에 평가해 버린단 말입니까?'

이렇게 생각하는 사람이 있을지 모르지만 유감스럽게도 그렇다. 그리고 좀 더 유감스러운 것은 한 번 내려진 평가는 간단히 변하지 않는다는 것이다. 최초의 1분간에 '왠지 모르게 어둡다'라는 인상을 주었다면 끝장이다. 당신은 그 상대로부터 계속 '성격이 어둡다'라는 인상이 지워지지 않는다. 일단 붙여진 딱지는 좀처럼 떨어지지 않는다.

취직이나 전직을 할 때의 면접시험이 가령 10분 동안 행해졌다고 하자. 그러나 그 면접 시간이 10분이 되었든 30분이 되었든 1시간이 되었든 면접시간은 아무래도 상관없다. 왜냐 하면 대개의 면접관이 당신을 판단하는 시간은 최초의 1분이기 때문이다.

숙달된 면접관 입장에서 볼 때 당신의 얼굴 생김새나 외모, 걸음걸이를 보는 순간에 '음, 이 녀석은 틀렸다' 라거나 '허, 하고자 하는 의욕이 제법 있을 것 같군' 이라는 판단을 일목요연하게 한다. 그것을 깨닫지 못하는 것은 본인뿐이다.

비록 면접시간이 10분 동안이었다 해도 채용 여부는 최초의 1분에 결정되어 버린다. 그렇다고 모처럼 응시해 준 응모자를 향해 돌아가라고도 말할 수 없기 때문에 적당히 얼버무리는 시간이 나머지 9분이다.

당신이 문을 열고 들어가 의자 옆에 서서 자기소개까지 마쳤을 무렵에는 채용 여부가 결정되어 있다. 나머지 9분은 적당히 해서 그 자리를 넘기는 시간이다. 면접관의 본심은 돌아가 주기를 바라고 있는 것이다. 귀중한 시간을 낭비하고 싶지 않지만 상대의 기분을 생각해서 참고 있을 뿐이다.

독자 여러분은 '설마, 아무리 그렇다지만 그럴 리가 있겠는가?' 하고 생각했을 것이다. 그렇지만 사실이니 어쩔 수가 없다.

산타바바라 시티 칼리지(Santa Barbara City College)의 심

리학자 로널드 애들러 교수가 기업의 인사 담당자들에게 "면접 응시자의 첫인상은 어느 정도 중요합니까?" 하고 인터뷰한 적이 있다.

그에 의하면 79%나 되는 인사 담당자들이 "첫인상만으로 결정하고 있습니다"라고 솔직히 대답해주었다. 10명 중 8명. 상당히 많은 사람들이 주관적인 판단으로 채용 여부를 결정해버린다는 것을 알 수 있다.

또 애들러 교수는 첫인상의 50%는 만나서 불과 30초에서 60초 이내에 형성된다는 것도 밝혀냈다. 느긋한 판단을 기대할 수 없는 것이다.

'단 1분 만에 나에 대해서 무엇을 안다는 거야!'

'단 1분 동안에 꿰뚫어 볼 정도로 내 속은 그렇게 얕지 않단

최초 1분의 룰 동작 개시에서 실수하면 성공률은 20% 이하!

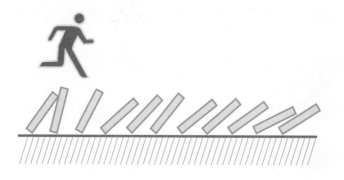

말이야!'

독자 여러분이 분개하는 것도 무리는 아니다. 그러나 관점을 약간 바꿔 생각해 보자.

그렇게 말하는 여러분 자신은 다른 사람을 판단할 때 몇 시간이나, 며칠씩이나 걸리는가.

거리에서 스쳐 지나간 여자아이를 보고 '이런 애는 틀림없이 상냥하다'라거나 사전 예고 없이 찾아간 거래처의 담당자를 만나서 '이런 타입은 까다롭다'라는 식으로 판단하지 않는가. 곰곰히 생각해 보라.

여러분도 그런 판단을 하고 있으니까 면접관이 당신에 대해 최초의 1분 동안에 판단했다 해도 그것은 피차일반이라는 것이다.

2. 첫인상을 좌우하는 기억의 메커니즘

상대가 최초로 갖게 된 첫인상은 쉽사리 바뀌지 않는다. 바꿔 주지 않는다. 울며 부탁해도 소용없다. 왜냐 하면 첫인상은 그런 것이기 때문이다. 입시 합격자 발표가 난 후에 "죄송합니다, 다시 한 번 시험 치르게 해 주십시오"라고 부탁해도 "네, 좋습니다. 그렇게 합시다"하고 말해 주는 학교 따윈 없는 것과 똑같다. 인간의 판단은 상당히 엄하다.

물론 비교적 간단히 회복할 수 있는 첫인상도 없는 것은 아니다.

그것은 외모의 첫인상이다.

예가 약간 좋지 않을지 모르지만 "추한 여자는 3일이면 익숙해진다"라는 말을 한다. 실제로 처음에는 '아무리 생각해도 좋아할 수 없는 얼굴이란 말이야' 하고 생각하고 있던 여성이라도 몇 번 만나서 이야기하는 사이에 '아니, 웃으니까 제법 귀여운 데도 있군' 이라는 식으로 인상이 바뀌게 되는 경우도 결코 없다고 할 수 없다.

반대로 너무 미인이어서 다가가기 어려울 것 같은 인상을 받았는데 얼마 동안 이야기하고 있으니까 '아니, 제법 싹싹한 데도 있군' 하고 깨닫게 되는 경우도 있다.

하지만 '성격' 이나 '인격' 에 관한 첫인상에서 마이너스 평가를 받으면 좀처럼 회복할 수 없다. '신경질' 이라는 딱지가 붙으면 당신은 그 사람에게 계속 '신경질' 적인 사람이라 간주될 것이며 '완고하고 융통성이 없다' 라고 여겨지면 몇 주일이 지나도 계속 그렇게 남는다.

노스웨스튼 대학의 베르나르드 파크 박사에 의하면 성격의 첫인상은 외모의 첫인상에 비해 5배에 가까운 영향력을 가지고 있다고 한다. 외모에서 받는 첫인상이 곧 변화하는 데 비해 성격의 첫인상을 바꾸기 어려운 것은 그 때문이다.

또 미네소타대학의 마이클 산나프랭크 박사는 첫인상이 9주일이나 지속되는 것을 실험적으로 확인했다. 일단 나쁜 인상을 받으면 아무리 발버둥 쳐도 그 후 적어도 2개월은 나쁜 인상이 계속된다는 것을 각오해야 한다는 것이다.

비즈니스에서는 "약속 시간 특히 첫 대면의 상대와의 약속 시간에는 절대로 늦지 말라"라고 말한다. 그 이유는 처음에 지각을 하게 되면 '이 놈은 아무래도 신용할 수 없다' 라는 딱지가 붙고, 곤란하게도 그 딱지는 좀처럼 떨어지지 않기 때문이다. 두 번째 이후에 지각하는 것에 비해 첫 번째 지각은 대단히 중요한 것이다.

왜 이렇게 첫인상을 고집하게 되는 것일까.

그 비밀은 우리들의 기억의 메커니즘에 있다. 우리들은 최초와 최후에 들어오는 정보일수록 잘 기억한다. 최초의 것일수록 잘 기억하는 것을 '초두효과(初頭效果)' 라고 하고 최후의 것을 잘 기억하는 것은 '친근효과(親近效果)' 라고 하며 이 두 기억의 기능을 합쳐서 '계열위치효과' 라고 한다. 그리고 특히 강한 것이 초두효과다.

여러 연인과 사귀어도 우리에게 추억으로 오래 남는 것은 '처음에 사귄 사람' 이다. 여러 고객에게 상품을 팔아도 역시 기억에 남는 사람은 '사회인이 되어 처음 자신에게서 상품을 사간 고객' 일 것이다. 이것이 초두효과라 하는 기억의 기능이다.

네덜란드 남부 노르트브라반트(Noord-Brabant)주에 있는 틸부르흐(Tilburg)대학의 릭 피터스 교수가 3만9000세대를 대상으로 몇 가지 텔레비전 스폿 CM 중 어떤 CM이 시청자의 기억에 남았는가를 분석한 일이 있다.

그 결과 5분간의 CM 스폿이 적중했다 해도 최초의 60초 동안에 흘러나온 CM일수록 시청자에게 기억되기 쉽고 중간의 2~4분 정도 나오는 CM은 별로 기억에 남지 않는다는 것이 판명되었다. 바로 초두효과다.

대인관계에서도 당연히 '초두효과'는 작용한다. 처음에 기억한 첫인상일수록 인상 깊게 남기 때문에 만에 하나 상대에게 나쁜 첫인상을 주었다면 돌이킬 수 없다.

최초에 짓궂은 짓을 하면 두 번째 만났을 때 아무리 생글생글 웃어도 '이놈이 친절하게 나오다니 수상하다. 어차피 뭔가 나

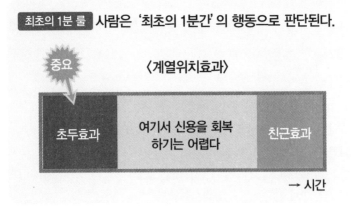

최초의 1분 룰 사람은 '최초의 1분간'의 행동으로 판단된다.

중요

〈계열위치효과〉

| 초두효과 | 여기서 신용을 회복 하기는 어렵다 | 친근효과 |

→ 시간

쁜 계략이라도 꾸미고 있겠지' 라는 식으로 의심받게 된다. 그런 위험을 피하기 위해서는 "최초의 시작이야말로 중요하다" 라는 말을 명심하여 미움 사는 것을 철저히 피하고 호감을 사도록 전력을 다 하는 것이 중요하다.

3. 칭찬과 아부는 집중적으로 하라

타인에게 미움을 사는 것보다 호감 사는 쪽이 좋다는 것은 당연한 일이다. 일을 하는 데 있어서나 개인적 인간관계에 있어서도 미움을 사는 것보다 호감을 사는 것이 훨씬 뜻이 있는 인생을 걷게 될 것이기 때문이다.

그러면 어떻게 하면 호감을 사는가.

여기서도 최초의 1분이 핵심이 된다. 아무튼 최초의 1분 이내에 자신이 가질 수 있는 매력을 단숨에 상대에게 확실히 표현하는 것이다. 드러내기를 아까워하지 말고 자신의 매력의 전부를 드러내는 것이다. 전략에서 말하는 '선수(先手) 필승', 이것이 호감을 사는 요령이다.

예를 들면 당신이 10만 명의 군 총지휘관이 되어 전쟁을 한다고 하자. 이 경우 10만 명의 군대를 조금씩 투입 하는 것은 최악이다. 그렇게 하면 이길 것도 이기지 못한다. 어차피 부딪쳐 싸울 것이라면 10만의 군대로 한꺼번에 적의 정예와 부딪쳐서 단

최초 1분의 룰 전력은 '순차적 투입' 보다 '집중투입'!

기 결전을 노려야 승리를 거둘 수 있다. 이것은 나폴레옹이 자신 있게 사용한 전법이기도 하다.

주식도 경마도 마찬가지다. 주식이나 경마에는 '필승법'은 없지만 '필패법'은 있다. 예를 들면 100만 엔의 자금이 있다 하고 그것을 10만 엔씩 사용하면 조만간 100만 엔은 전부 없어지고 만다. 크게 벌고 싶으면 100만 엔을 과감하게 한꺼번에 걸고 승부를 가름하여 돈이 늘어난 시점에서 재빨리 '자리를 뜨는 것'이 상책이다.

사람에게 호감을 살 때도 기본적으로는 같은 작전을 취하는 것이 좋다.

상대를 칭찬하거나 상대에게 빈말이라도 하려고 결심하였다면 조금씩 내놓는 것이 아니라 최초 1분 동안에 그야말로 집중 폭격을 가할 정도의 양으로 공격하는 것이다.

"오늘 나이토씨(필자)를 만나게 되어 반갑습니다"와 같이 어중간한 사교적인 인사로는 나를 조금도 기쁘게 만들지 못한다. "그렇습니까…" 하고 흘려버리면 그만이다. 물론 그런 사람은 조금도 기억에 남지 않는다. 누구나 하는 일을 하고 있으면 기타 많은 사람들로부터 앞서 나가지 못한다.

"당신이 나이토 선생? 이거 정말 이렇게 시원스럽고 핸섬한 분이라고는 생각지 못했습니다. 대단한 인기의 후광이 비치고 있어서 나 같은 것은 눈을 뜰 수가 없습니다. 정말 눈부십니다. 남자라도 반하겠습니다. 심리학의 교양이 있을 뿐만 아니라 정말로 핸섬한 걸요…."

이렇게 집중적으로 칭찬해 주면 비록 그것이 빈말이라는 것을 알더라도 나는 기쁘게 생각할 것이다. 어차피 할 바에는 이 정도 하지 않고서는 안 된다.

할 때는 철저히 하자.

철저히 하기 때문에 당신의 인상은 다른 모든 사람과 차이가 나고 그것이야말로 최고의 인상을 어필할 수 있게 해 준다.

첫 대면의 상대와 이야기할 때 "오늘은 무덥습니다"라는 식으로 무던한 인사부터 들어가는 것도 많은 사람이 범하기 쉬운 오류다. 중요한 최초의 1분 동안에 도대체 무엇을 하고 있는 것일까. 모처럼의 귀중한 시간을 이런 일에 허비하는 것은 모처럼의 보물을 시궁창에 버리는 것과 같다.

대체로 일을 못하는 사람일수록 모처럼의 최초 1분간을 헛되게 소비하는 경향이 있다.

상대의 흥미를 끌고 싶을 때에도 소중한 '큰 자료'를 최초의 1분 동안에 내놓아야 한다. 그렇게 하면 상대는 상체를 앞으로 내밀고 들어준다. 재미있는 농담이든 소중한 돈벌이 이야기든 아무튼 최초에 꺼내는 것이다.

"실은 ○○씨이기 때문에 말하는 건데…"

이와 같이 상대를 특별 취급해 두면 확실히 상대는 당신을 좋아하게 된다.

4. 많은 사람들을 추월하는 '버리는 기술'

"나는 컴퓨터를 사용할 수 있습니다"라는 발언을 하고 "허, 대단하시군" 하고 칭찬 받던 시대가 10년 전에는 분명히 있었다. 컴퓨터로 문서를 작성하거나 인터넷에서 검색할 수 있다는 스킬이 비즈니스에 있어서 충분히 자랑거리가 된 것이다.

그런데 알다시피 지금은 상황이 전혀 다르다. 컴퓨터를 사용할 수 있는 것은 당연한 것이며 당연한 스킬이다. 오히려 당당하게 "컴퓨터를 사용할 수 있다"라고 어필해도 부끄러울

뿐이다.

그러면 "나는 영어 회화를 할 수 있습니다"라는 어필은 어떨까. 19세기나 20세기 초라면 몰라도 현대에서는 별로 자랑할 것도 못 된다. 왜냐 하면 영어를 할 줄 아는 사람은 얼마든지 있기 때문이다.

여기서 중요한 법칙이 유도된다.

그것은 다른 사람이 줄 수 있는 것, 할 수 있는 것으로는 승부하지 말라는 룰이다.

모두가 할 수 있는 것을 자랑하거나 드러내면 '그래서…그게 어떻다는 거야?' 하는 생각만 유발할 뿐 별로 상대의 인상에 남지 않는다.

다른 사람이 이미 영어를 할 수 있기 때문에 자신의 어필 리스트에서 '영어'라는 항목을 깨끗이 삭제하는 것이 좋다. 그렇게 하기 위해서는 주위 사람이 무엇을 어필하고 있는가를 관찰하여 모두가 하고 있는 것은 미련 없이 버린다. 이 '버리는 기술'이 매력적인 비즈니스맨에게는 필수적인 것이다.

누구나 100점 맞을 수 있는 테스트에서 100점을 맞아야 눈에 띄지 않는다.

평균점수가 10점을 밑도는 테스트에서 40점을 맞으면 대 천재라고 인정받는다.

사이몬 프레이저(Simon Fraser) 대학의 캐시 맥파랜드 박사

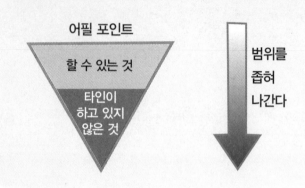

최초 1분의 룰 어필 리스트에서 타인이 할 수 있는 것을 버린다

어필 포인트

할 수 있는 것

타인이
하고 있지
않은 것

범위를
좁혀
나간다

는 이것을 '프로그 폰드(frog-pond) 효과' 라고 명명했다. 큰 연못의 개구리보다 작은 연못의 개구리가 존재감이 크다는 것을 나타내는 효과다.

모두가 100점을 노리고 있는 곳에서 승부해서는 안 된다.

누구나 눈을 돌리지 않는 곳에서 승부해야 한다.

타인보다 간단히 뛰어나게 우수하려면 방법은 누구나 '앞으로 나가고 싶지 않은' 곳에서 승부하는 것이다.

영어를 할 수 있는 사람과 차이 나게 하려면 아프리카의 조그만 부족의 언어를 공부해 보는 것은 어떨까. "아프리카 한 부족의 언어를 800단어 말할 수 있다"라고 어필하면 "영어 단어를 10만 단어를 알고 있습니다"라고 말하는 것보다 훨씬 두

드러진다. 게다가 경쟁 상대가 원래 없기 때문에 수고하지 않아도 된다.

내가 오해를 두려워하지 않고 내 생각을 말한다면 수영의 경우 인기가 쇄도하는 크롤이 아니라 접영 선수가 되는 것이 좋다. 의사로서 두드러지고 싶다면 외과가 아니라 항문과의 의사를 지향하는 것이 좋다. 어느 쪽이나 지망자가 적기 때문에 그만큼 치열한 경쟁에 말려드는 것을 피할 수 있기 때문이다.

5. 첫인상은 좋았지만 미움을 사는 원인

누구나 타인의 자랑을 듣는 것은 기분 좋은 일이 아닐 것이다.

"나도 5개 국어를 할 수 있다."

"작년의 연간 수입이 드디어 1억 엔을 초과했다."

이런 식으로 코를 벌렁거리며 자랑을 늘어놓으면 확실히 인맥은 줄어든다. 아니 그보다 "자랑만 늘어놓고…정말 역겨운 놈이다"라는 험담을 듣는 것은 빤하다. 자신의 우수성을 너무 선전하는 것은 생각할 문제다.

그런데 브리티시컬럼비아 대학의 델 로이 폴러스 박사는 '첫 대면의 상대라면 자랑 이야기하는 것도 결코 나쁘지 않다'는 설을 발표했다.

폴러스 박사는 124명의 대학생을 4~5명씩 그룹으로 나누어

1주일에 20분씩 7주에 걸쳐 의견 교환을 하게 하는 실험을 했다. 멤버들끼리 마음대로 말하게 하여 어떻게 인간관계가 형성되어 가는가를 조사하는 실험이다.

그런데 1주일째 행한 첫 번째 토론에서 멤버들 중 제일 좋은 인상을 준 것은 '나르시스트 타입(자기도취형)'이었다. 자신의 우수성을 어필하는 사람은 뜻밖에도 첫 대면의 상대에게는 좋은 인상을 주는 것이다.

그러나 그 후가 좋지 않았다. 실험은 7주에 걸쳐 계속되었다. 나르시스트 타입은 첫 번째는 좋은 인상을 주었지만 서서히 인기가 떨어져서 최후의 7주째가 되자 최악의 평가를 받았다.

앞에서 나는 '첫인상은 계속 유지된다'라고 지적했지만 자만(自慢)에 관한 인상은 얼마 지나면 역전되는 경향이 있다. 처음에야 좋은 인상을 주지만 조만간 나쁜 인상으로 변하고 만다.

이 자료는 다음과 같이 심리학적 룰로 말할 수 있을 것이다.

'첫 대면의 상대를 만날 때에는 자신만만하고 당당하게 자신을 자랑하는 것도 좋을 것이다. 다만 첫 번째에 한해서. 두 번째 이후에 만날 때는 조금은 겸허함을 어필하는 것이 좋다.'

한 번밖에 만나지 않는다는 것을 알고 있는 상대에게는 다소 나르시스트라 여겨져도 좋으니 자신의 우수성, 자신의 실력, 기능을 약간 심도 깊게 어필하자. 그러면 상대는 당신을 존경

하는 눈빛으로 봐준다.

그러나 만약 관계가 오래 계속될 것 같아지면 너무 자랑을 늘어놓지 말고 오히려 자신의 실패담이나 성격적인 결점 등을 스스로 폭로하여 친해지기 쉽고 접근하기 쉬운 사람이라는 것을 어필하는 것이 좋다. 요컨대 작전을 바꾸는 것이다. 자기 자랑만 늘어놓는 사람은 처음에야 인기가 좋을지 모르지만 조만간 평가가 역전되어 버릴 우려가 있기 때문에 그 시점에서 작전을 바꾸는 것이다.

이렇게 말하는 나는 첫 대면의 상대에게는 잘난 심리학자로서의 얼굴을 보여주고 자신의 지식이 얼마나 풍부한가를 어필하는 경우도 있지만 두 번째 세 번째 얼굴을 마주 대하게 됨에 따라서 "나는 술 취하면 남의 흉내만 냅니다"라든가 "물장사 여자아이를 껴안으려다가 뺨을 얻어 맞았습니다" 라는 등 부끄러운 일면을 보여주는 작전을 취하고 있다(단순히 결점만 보여줄 뿐인지 모르지만). 그렇게 함으로써 오래 사귀게 될 상대에게는 친밀감을 느끼게 하고 있다.

6. 어필 포인트는 적어도 '3회' 반복한다

우리들은 누구나 찾으면 하나 정도는 타인에게 자랑할 만한 것이 있다. 결점투성이인 사람이라도 찾으면 하나 정도는 그 나름으로 자랑할 만한 것이 있다.

그것이 당신의 '무기' 다.

"그러고 보니 견적서의 계산만은 한 번도 틀린 적이 없는 걸."

만약 이런 자랑을 할 수 있다면 그 무기만을 갈고 닦자. 비록 일하는 순서나 방법이 틀리든, 보고서의 작성에서 오자, 탈자가 있든 견적서의 계산만은 검산에 검산을 거듭하여 절대로 틀리지 않도록 한다. "저 친구의 견적서는 언제나 완벽하니까" 하고 주위에서 소문을 낼 정도로 철저하게 자신의 장점에만 구애되는 것이다.

나는 아무리 바쁜 시기라도 원고의 마감은 한 번도 늦은 적이 없다. 그것이 나의 자랑거리다. 훌륭한 문장을 썼는지 여부는 큰 의문이지만 마감일만은 지킨다. 반드시 지킨다. 죽어도 지키고 있다. 이 때문에 '나이토 선생에게 맡기면 안심이다' 라는 소문이 적어도 나와 거래하는 출판사에서는 널리 퍼져 있다. 이것이 나의 주가를 올린다.

인간은 다소 결점이 있어도 그것을 보완하고도 남을 정도의 장점이 있으면 타인은 그 장점을 보아주는 법이다.

따라서 첫 대면의 사람을 만날 때는 '이것이 나의 자랑이다' 라는 것을 한 가지 정해두고 그것만을 집중적으로 어필하는 것이 좋을 것이다.

"아무튼 마감만은 꼭 지킵니다"라는 것만을 반복하는 것이다.

이 때 조심해야 할 것은 이것저것 모두 보자기를 펼쳐서 어필 포인트를 너무 늘리지 않도록 하는 것이다. 마감을 지킨다는 것만 어필하면 되는데 일러스트도 그릴 수 있다느니 도표 작성도 잘한다느니 디자인에도 자신이 있다느니 하는 식으로 어필 포인트를 늘리면 늘릴수록 '당신' 이라는 인간의 초점이 흐려져 버린다. 욕심 부려서 이것저것 모두 어필하려고 하면 결국은 상대의 기억에 하나도 남지 않는다. '두 마리 토끼를 잡으려다 두 마리 다 놓친다' 는 것이다.

장점을 한 점으로 조여서 그것만을 어필하면 상대도 기억하기 쉽다. '약속을 지키는 ○○씨' '정보통의 ○○씨' 라는 식으로 뭔가 한 가지 장점으로 기억하게 하면 좋을 것이다.

또 자신의 장점을 어필할 때는 적어도 3번은 반복하자.

"나는 마감만은 지킵니다."

"마감을 지키는 것이 나의 일하는 신조입니다."

"나는 마감을 지키지 못하면 엎드려 사과하겠다는 마음자세입니다."

이런 식으로 대화 곳곳에서 3번 정도 어필해 두면 상대도 정확히 기억해 준다. 애써 자신의 장점을 어필하고 싶다면 적어도 3번은 해 두어야 한다.

인디애나 대학의 로이드 피터슨 박사에 의하면 우리들은 무엇이든 약 20초 이내에 85%를 잊어버린다고 한다. 인간은 대단히 잊기 잘하는 생물이다. 다만 같은 것을 3번이나 되풀이하면 망각하는 비율을 65%로 억제할 수 있다는 것이다.

한 번 정도 어필해도 상대가 당신의 장점을 기억해 줄지 여부는 어쩐지 불안하다. 보험에 든다고 생각해서 3번은 어필해 둘 것을 기억해 두자.

7. 명함을 전략적으로 사용하는 요령

내가 아는 사람 중에 만노 히로히코라는 라이터(작가)가 있다. 보통 라이터의 직함이라고 하면 '라이터'다. '프리랜서'라는 직함을 사용하는 사람도 있으나 '라이터' 쪽이 압도적으로 많다. 따라서 나는 라이터에게 명함을 받아야 얼굴도 이름도 거의 잊어버린다(실례지만 사실이다). 모두가 같은 직함이어서 특징이고 무엇이고 중요한 것이 아니기 때문이다.

그런데 만노씨의 명함은 다르다. 어쨌든 직함이 '문장가'다. 게다가 '모든 문장을 꾸며 드립니다'라는 멋진 한 구절을 첨부하고 있다. 일본에 라이터가 얼마나 되는지 모르지만 아마도 '문장가'는 만노씨 한 사람뿐일 것이다. 이 때문에 잊어버리는 경향이 있는 나조차 잊을 수가 없다.

첫인상은 최초의 1분에 결정된다.

그런데 실제 비즈니스의 자리에서는 명함 교환만으로 최초의

1분이 끝나버리는 경우도 흔히 있는 일이다. 그렇다면 '왜 명함을 자기 어필하는 수단으로서 사용하지 않는가?' 라는 것을 생각하는 것이 전략상 중요하다.

그런데 독자 여러분, 우선 수중에 자신의 명함을 준비하고 다시 한 번 차분히 객관적으로 자신의 명함을 관찰해 보자. 자신의 명함은 다른 사람의 명함과 비교해서 빛이 나고 있는가. 존재감을 주고 있는가. 중후한 이미지 혹은 친밀해지기 쉬운 이미지로 되어 있는가. 얼굴 사진이 있다면 조화가 잘 이루어지고 있는가. 이 명함을 받은 상대가 어떤 식으로 받아들일 것인가를 생각하면서 차분히 생각해 보자. 그리고 자기 나름의 '세

계에 하나밖에 없는' 오리지널 명함을 만들 수 없는지 생각해 보자.

회사에서 지급되는 명함을 그대로 아무 생각 없이 사용하는 사람이 되어서는 안 된다. 자비를 들여서 자기 나름의 오리지널 명함을 만들어서 승부를 하지 않으면 많은 사람들을 추월하여 앞서 나간다는 것은 도저히 바랄 수 없다.

그러면 구체적으로 어떻게 하면 오리지널의 '매료시키는 명함'을 만들 수 있는가를 생각해 보자.

첫째 방법은 독특한 문장을 올려놓는 것이다.

예를 들면 회사에서 배부해 주는 명함에 얼굴 사진이 올려져 있는 것뿐이라면 자신이 명함을 다시 만들어서 '나보다 사진이 잘 나오지 않는다는 사람은 부디 연락 주시기 바랍니다. 변변치 못한 사진을 드리겠습니다'라는 식으로 인쇄해 둔다. 대개의 사람은 운전 면허증의 사진으로 알 수 있듯이 찍힌 모습이 별로 좋지 않다. 때문에 재미 삼아 연락해 오는 사람이 있을지도 모른다.

둘째 방법은 자신에 대해 어필하듯이 다른 이름, 별명, 닉네임(애칭)을 덧붙이는 것이다.

'심리학자 나이토 요시히토'라는 명함에서는 아무런 맛도 멋도 없지만 '나이토 요시히토 당신의 마음에 달라붙어 떨어지지 않습니다 ♪'라고 하면 어떨까. 첫째 방법과 아울러 사용하면 매우 변화가 있어서 생생한 명함이 된다(다만 내가 실제로 사용하고 있는 명함은 맛도 멋도 없는 전자다. 면목이 없다).

심리학적으로 보더라도 다른 이름이나 애칭은 인기를 높이는 데 매우 효과적이다.

크렘슨 대학의 마이클 잉글리시 박사는 남성 30명의 가공 프로필을 작성하여 각 인물의 이름만 약간 다르게 해 평가하도록 하는 실험을 했다.

예를 들면 '사무엘'이나 '티모시' 등과 같이 형식적인 이름을 올린 것과 '삼' '팀'이라는 단축한 이름을 사용한 것을 제시했다. 이름 외는 아주 똑같은 프로필임에도 불구하고 애칭을 사용한 것이 '인기인으로 밝다'는 이미지를 준 것으로 판명되었다.

명함을 얕보아서는 안 된다. 여기에 예시한 방법을 참고로 부디 세계에서 하나밖에 없는 당신을 어필할 수 있는 명함을 만들어 보기 바란다.

회사에서 배부해 준 명함을 그대로 사용하고 있어서는 아직 어필 부족이다. 내가 알고 있는 자전거 특약점의 영업사원은 오리지널 명함을 몇 개 만들어서 고객에 따라 나누어 사용하고 있다고 한다. 게다가 그런 오리지널 명함은 동료에게도 보여주지 않는다고 한다. 자신의 소중한 무기라는 자각이 있기 때문일 것이다.

8. 결과에 차이가 나는 어필의 법칙

상대의 호감을 사기 위해 비위를 맞추거나 입으로만 칭찬하는 말을 할 거라면 필요 이상으로 여봐란 듯이 하지 않으면 효과는 기대할 수 없다고 말했다.

서비스업의 마음가짐, 혹은 접객 방법을 지도하는 책에도 '서비스는 100점으로는 불충분하다' 라고 쓰여 있는 책이 많다. 왜 100점으로는 불충분한가 하면 500점정도 맞을 작정으로 서비스하지 않으면 100점도 미치지 못하기 때문이다.

다른 어떤 직종에 있어서도 같은 말을 할 수 있다고 나는 생각한다. 예를 들면 클라이언트에 대해서 자신은 10개의 입에 발린 말을 했다고 생각하고 있지만 클라이언트에게는 고작 2개 정도밖에 전해지지 않는 것이다.

일리노이대학의 샌디 웨인 교수(경영학)가 비서나 카운슬러, 프로그래머 등 여러 직종에 종사하는 111팀 (상사와 부하 한 쌍씩)을 반년 동안 조사해 본 일이 있다.

그 결과 부하가 칭찬하거나 비위를 맞추려고 입으로만 칭찬하는 말을 해 줄수록 상사는 기뻐한다는 것을 알았다. 다만 할 바에는 철저하게 하지 않으면 효과가 없었다.

구체적으로 상상해 보자. 어느 날 부하가 자발적으로 상사에게 커피를 타서 주었다고 하자. 아마도 부하는 '대단한 칭찬을

해 주겠지' 하고 기대할 것이다. 그런데 상사로서는 그런 서비스로는 아직 부족한 것이다. "아이고, 이거 미안하군" 하고 일단 인사치례는 해 주겠지만 감격할 정도는 아니다.

커피를 타줄 거라면 좀 더 철저히 하는 것이다. 예를 들면 "과장님 커피에는 제 '애정' 도 듬뿍 넣어두었습니다" 하고 다른 사람과는 약간 다르게 해 주고 있다는 것을 어필해 보는 것이다. '다른 사람과는 다르다' 는 점에서 차이를 나게 해 주는 것이 서비스의 기본이다.

웨인 교수의 조사에서는 부하가 상사의 비위를 맞추면 맞출수록 그 부하는 상사로부터 호감을 샀다. 아부하려면 부자연스러울 정도로 철저히 하는 것이 좋다. 비위 맞추는 말도 잇따라 한다. 부끄러워하거나 겸연쩍어 하고 있을 필요가 없다.

"정말 ○○님의 일하는 태도에는 아무리 분발해도 당해낼 수 없군요."

"앞으로 30년쯤 지나면 지금의 ○○님을 조금은 따라갈 수 있을까요."

"○○님의 손목시계는 팔찌 같아서 참 근사합니다."

아무튼 조금이라도 칭찬할 수 있는 점을 발견하면 기죽지말고 칭찬한다. 아니, 칭찬할만한 점은 '찾는다' 기보다 자신이 무리해서라도 '만들어내는 것' 임을 기억해 두자. 자신이 날조해 버리면 칭찬할 만 한 점 같은 것은 얼마든지 나올 것이다.

시드니 올림픽에서 금메달을 획득한 타카하시 나오코 선수 (여자 마라톤)를 키운 것으로 유명한 코이데 요시오 감독은 타카하시 선수에 대해 "너의 발이 땅에 닿지 않는 것은 세계 제일이다" 라고 계속 칭찬했다고 한다.

뭔가 잘 알 수 없는 내용을 칭찬하는 말이지만 이래도 된다. '아무도 이런 부분은 칭찬하지 않을 것이다' 라는 맹점을 찾아서 칭찬하는 테크닉도 아부의 레퍼토리를 늘리는 데 도움이 될 것이다.

9. '만남 횟수' 와 '호감도' 의 뜻밖의 상관관계

여기까지 최초 1분이 얼마나 중요한가를 논해 왔다.

첫인상의 중요성은 헤아릴 수 없을 정도로 크다. 그만큼 실패했을 때의 손해도 크다.

그러나 그렇다고 해서 사람을 만나기 전부터 겁먹을 필요는 없다. 가령 최초 1분 만에 자기 어필을 잘하지 못해도 간단히 포기한다거나 절망해서는 안 된다.

첫 대면에서 막상 어필하려고 했을 때 갑자기 복통을 일으켜 따뜻한 웃음 띤 얼굴을 만들 수 없을지 모른다. 혹은 극도로 긴장한 탓으로 평정을 잃고 내 어드바이스를 완전히 잊어버릴 가능성도 없다고는 단언할 수 없다. 좀 더 심할 때에는 갓 이혼한 사람을 향해 "내주 결혼합니다"라는 쓸데없는 말을 하여 기분을 상하게 할지도 모른다.

만약 최초 1분에 잘 안 되더라도 아직 승부를 포기해서는 안 된다.

그 때는 아무튼 상대와의 접촉 횟수를 늘리는 것으로 만회하자.

당신이 영업사원이라면 최초 1분의 인상이 좋지 않아도 그 후, 자주 고객이나 거래처를 찾아다니는 것이다. 간단히 포기하는 것이 아니라 오히려 스스로 상대의 품으로 뛰어드는 것이다.

피츠버그 대학의 리처드 모렐랜드 박사들에 의하면 우리들에게는 '낯익은 얼굴을 좋아한다'는 심리가 있다고 한다. 당신이 자주 상대를 만나러 가면 그것만으로도 상대에게 호감을 살 가능성이 높아진다.

모렐랜드 박사는 외모도 연령도 복장도 똑같은 여자아이 4명을 바람잡이로 꾸며서, 전 15회의 심리학 수업에 출석하도록 부탁했다.

그 때 출석 횟수를 평균치에서 벗어나게 한 것이 이 실험의 포인트다. 한 번도 출석하지 않은 여자도 있는가 하면 다섯 번만 출석한 여자아이, 열 번 출석한 여자아이, 15회 전부 수업에 출석한 여자아이가 있었다.

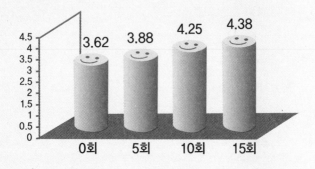

4.5
4
3.5
3
2.5
2
1.5
1
0.5
0

3.62   3.88   4.25   4.38

0회   5회   10회   15회

※ 수치의 세로축은 '매력'. 7점에 가까울 정도로 매력적이라는 평가 받았다는 것을 나타낸다.
※ 가로축은 여학생을 다른 학생이 본 횟수(출석 횟수)
(출전: Richard, L Moreland & Beach, S. R)

  또 수업이 시작되는 강당에 들어갈 때에는 그녀들은 반드시 가장 앞좌석에 앉기로 되어 있었다. 이것은 다른 학생들의 눈에 띄게 하기 위해서다. 다만 그녀들에게 다른 학생과는 일체 대화를 하지 않도록 했다. 대화를 하면 그로 인해 친밀감이 생기기 때문이다.

  전 15회의 수업이 전부 끝났을 때 같은 수업을 받았던 학생들에게 여자아이 4명의 사진을 보였다. 그리고 각각 여자아이를 채점하게 했다. 그러자 도표와 같은 결과를 얻을 수 있었다.

  학생들로서는 4명의 여자아이는 전원 '말을 해본 적이 없는' 상대다. 게다가 4명 모두 외모적인 매력은 차이가 없었다. 그런데도 '왠지 이 아이는 본 적이 있다'고 생각하는 사람에게 매력을 느낀 것이다.

인간은 눈으로 보는 횟수가 많은 낯익은 상대일수록 호감을 갖는다.

호감을 살지 어떨지는 최초 1분이 중요하지만 그 후에 몇 번이고 얼굴을 보여주면 그 나름으로 매력은 높아져 간다. 처음에 호감을 사지 못했다고 자포자기할 필요는 전혀 없다. 적극적으로 얼굴을 보여주면 그 나름으로 호감을 살 수 있기 때문이다.

제 1 부

우선 '외면의 힘' 으로
주도권을 잡아라

훈련한다

'외면' 을 만든다 ····

말을 꺼낸다

성공률을 높인다

의외로 사람은 상대의 '내면' 보다 '외면' 에 의해 좌우된다.
스스로 심리적으로 입장이 강해지는 '외면'을 만드는 법을 소개한다.

10. '내면' 보다 '외면' 을 중시하라

    자기계발 관련 책들을 넘기다 보면 '내면을 연마하자' 라거나 '마음을 깨끗이' 니 '성격 미인이 되자' 라고 쓰여 있는 것이 넌덜머리 날 정도로 많이 발견된다. 물론 그 가르침은 옳다. 나로서도 아무런 이의는 없다.

    그러나 즉효성에서 본다면 내면보다 오히려 외면을 바꿔야 한다. 사람의 내면은 좀처럼 바꾸기 어렵고 상대에게 전하기도 어렵다. 외모에 손을 대는 것이 상대의 대응을 싹 바꿀 수 있다.

    또 우리들의 첫인상은 '언뜻 본 느낌' 의 외모로 결정되는 경우가 많다. 얼굴을 보는 순간, 복장을 보는 순간, 소지품을 보는 순간에 '이 사람은 이런 사람일 것이다' 라는 첫인상이 형성되어버린다.

    비록 내면을 필사적으로 연마하여 깊이 있는 매력을 갖추었다 해도 그것을 최초 1분에 깨닫게 한다는 것은 불가능하다. 상대가 점술사나 심리학자라면 당신의 내면까지 보아줄지 모르지만, 그러나 보통 사람에게는 그런 것을 도저히 기대할 수 없을 것 같다.

'내면은 깨닫게 하기 어렵다.'

'외모는 바로 깨닫게 된다.'

당연한 것이지만 이것을 정확히 이해하면 복장이나 헤어스타일, 특히 여성이라면 메이크업을 소홀히 해서는 안 된다.

캘리포니아 주립대학의 파멜라 리건 박사가 복장에 따라 남이 대하는 방식이 달라지는지를 실험적으로 조사했다. 리건 박사는 한 여성에게 2가지 패턴의 복장으로 쇼핑몰에 가게 하여 점원이 말을 걸 때까지의 시간을 몰래 측정해 보았다 .

2가지 패턴의 복장은 다음과 같다.

① T셔츠를 입고 신은 테니스용 신발, 묶은 머리에 화장은 하지 않는다.

② 블라우스와 스커트 차림에 신은 드레스 슈즈. 머리는 풀어 내려서 화장한다.

동일 인물이 어느 때에는 포멀(formal)한 복장으로 또 어느 때에는 캐주얼 복장으로 가게에 나간 것이다.

그 결과 당연하지만 단정한 복장을 하고 있을 때일수록 점원이 곧 말을 걸어왔다. 점원은 평균 51.0초에 말을 걸어온 것이다. 이것은 고객을 정중하게 대해 주었다는 증거다.

하지만 아무래도 상관없는 복장을 하고 있으면 거들떠보지 않는다는 것도 판명되었다. 캐주얼 복장 때 점원이 말을 걸어 올 때까지의 평균 시간은 73.2초. 같은 사람이 단지 복장을 바꿨을 뿐인데 이렇게 차이가 나는 것이다. 점원의 본심은 이런 것인 것 같다. 'T셔츠를 입은 손님은 내버려둬라.'

이 자료에서 유도되는 어드바이스는 외모를 깨끗하게 보여주기만 하면 상대로 하여금 정중하게 대응하게 할 수 있다는 것이다. 반대로 외모가 눈에 확 띄지 않으면 거친 대응을 받는다. 누구에게서나 정중한 취급을 받고 싶으면 외모를 소홀히 해서는 안 된다는 것이다.

사회적 지위가 높고 부자인 명사라도 헤어스타일을 부수수하게 하고 냄새나는 옷을 입고 레스토랑에 들어가려고 하면 아마도 거절당할 것이다. 그가 아무리 설명을 해도 아마 들어가게 하지 않을 것이다. 외모라는 것은 대단히 큰 영향력을 가지고 있기 때문이다.

11. 상담을 '적극적 · 건설적'으로 하는 테크닉

검도나 발레를 한 사람들은 자세가 좋다. 그런 사람의 행동거지는 하찮은 동작 하나하나를 보더라도 늠름하고 상쾌하다. 등을 쭉 펴고 자세가 좋기 때문이다. 남에게 호감을 사기 위해서는 처음에 '모양새'부터 들어가야 한다. 자신의 '내면'보다

'모양새'를 가다듬고 닦는 것이다.

당신의 내면은 어떻든 모양새인 자세가 훌륭하면 성장과정이 좋고, 품위가 있고, 글씨를 잘 쓰고 누구에게나 상냥한 사람이라고 생각해 준다. 그러면 어떤 자세를 취하면 남에게 좋은 인상을 주는가.

미들섹스 대학(런던)의 마크 칼슨 박사는 마네킹을 사용하여 여러 가지 자세를 취하게 한 사진을 176명의 학생에게 보여주고 자세에서 받는 인상을 조사했다. 그 결과 약간 앞으로 기운 자세를 취한 마네킹의 사진은 '적극적인 느낌이 든다'라는 평가이고 가장 좋은 평가를 받았다. 그리고 마네킹이 뒤로 젖힌 듯한 사진은 '뭔가 바람직하지 못한 느낌이다' '거만해 보인다' '화내고 있다'라는 등 부정적인 평가를 받았다고 한다.

약간 앞으로 기우는 듯한 자세를 취하는 것이 남에게 높은 평가를 받는다.

만약 앞으로 면접시험을 볼 예정이 있다면 이 테크닉은 꼭 사용하기 바란다. 의자에 앉을 때 살짝 걸치기만 하면 되니까 간단하다.

의자에 살짝 걸치면 자연히 앞으로 기우는 자세가 되어 있을 것이다. 그것만으로 면접관에게 하고자 하는 의욕을 전할 수 있다. "귀사에서 일할 수 있다면 휴일 같은 것은 필요 없습니다" 하고 마음에도 없는 거짓말을 하기보다 앞으로 기우는 자세를 보여주는 것이 훨씬 적극성을 어필할 수 있을 것이다. 인간은 말보다 눈으로 본 몸짓을 신용하기 때문이다.

면접은 말할 것도 없고 평소의 타협이나 상담에서도 약간 앞으로 기우는 자세로 대화하도록 유념하자. "나는 이 상담이 대단히 마음에 듭니다" "당신의 이야기를 진지하게 듣고 있습니다"라는 어필이 된다.

의자에 앉는다면 그것이 어떤 디자인의 의자든 '의자 등이 없다' 는 기분으로 앉으면 좋을 것이다. 의자 등에 몸을 전부 맡겨버리면 아무래도 뒤로 기운 자세가 된다. 이래서는 상대에게 '정말로 하고자 하는 의욕이 있는 사람인가?' 라는 의심을 받을 수 있다.

'나는 절대로 의자 등을 사용하지 않는다' 라고 정해두면 살짝 걸터앉는 버릇이 생기기 때문에 조만간 의식하지 않아도 의자에 살짝 걸터앉게 된다.

12. 불리한 조건에서도 '선발되는 사람' 의 습관

좋은 인상을 주기 위해서 웃음 띤 얼굴은 빠뜨릴 수 없다.

해바라기가 태양 방향으로 향하는 것이나 벌레가 전등 주위에 모여드는 것은 빛에게 끌리는 '향일성' 이나 '주광성' 이라고 불리는 성질이 있기 때문이다. 우리들도 똑같은 성질이 있다.

그것은 '웃고 있는 얼굴에 눈이 간다' 는 습성이다. 모름지기 인간은 웃음 띤 얼굴의 사람에게 다가가게 되는 것이다.

한 때 유행한 〈워리를 찾아라〉라는 그림책은 아니지만, 무표정한 사람이 많이 있는 속에 웃음 띤 얼굴의 사람이 한 사람만 찍혀 있는 사진을 보여주면 누구나 바로 웃음 띤 얼굴의 사람을 찾아 낼 수 있다는 자료가 있다.

또 생후 몇 시간밖에 안 된 신생아에게 웃고 있는 얼굴과 화나 있는 얼굴의 사진을 보여주면 웃고 있는 얼굴의 사진 쪽을 많이 본다고 한다. 식물이나 벌레가 본능적으로 빛을 찾는 것과 마찬가지로 인간은 본능적으로 웃음 띤 얼굴을 찾는 욕구가 있다고 생각해도 될 것이다.

이 본능을 이용하면 스피치나 프레젠테이션 하는 자리에서 자신이 주목받도록 하는 것이 쉬워진다. 아무튼 웃음 띤 얼굴로 입아귀가 근육통으로 경련을 일으킬 정도로 만면의 웃음으로 임하면 되는 것이다. 틀림없이 모든 참가자의 시선을 자신에게 못 박아 둘 수 있다.

웃음 띤 얼굴은 그룹 면접 등 몇 사람 중에서 두드러질 필요가 있는 상황에서도 사용할 수 있는 테크닉이다. 생긋이 매력적인 웃음 띤 얼굴로 웃으면 다른 수험생들이 긴장되어 얼굴이 굳어져 있는 속에서 이채를 발할 수 있을 것이다. 또 취직 면접 등의 경우에는 면접이 행해지는 시험장으로 들어가서 웃음 띤 얼굴을 짓는다면 최종단계까지 나아갈 가능성이 높아진다.

왕년의 명배우인 오드리 햅번이 데뷔 작품의 오디션에서 선발된 이유는 '가장 아름답게 웃고 있었기 때문이었다'고 하는 에피소드는 유명하다. 많은 다른 응모자들도 면접 시험장에 들어가자 웃고 있었지만 오드리 햅번만은 대기실에 있을 때부터 생글생글 웃고 있었다고 한다. 매직미러로 그것을 몰래 보고 있던 면접관들은 '이런 웃음 띤 얼굴이라면 관객의 눈을 끌 수 있다'라고 판단한 것이다.

오드리의 이야기에는 여담이 있다. 지금이야 영원한 인기 여배우가 되어 있는 그녀지만 데뷔 당시는 유행하는 얼굴도 아니고 미국인이 좋아하는 글래머 스타일도 아니었기 때문에 선발된 것을 이상하게 생각하는 사람들도 많았다고 한다. 그런 외모적으로 불리한 조건의 오드리에게 무기가 된 것이 '항상 어디서나 스마일'이었던 것이다.

인생에 무슨 일이 일어날지 모른다. 비록 절대로 이길 것 같지 않은 프레젠테이션이든 거꾸로 물구나무를 서도 합격될 것 같지 않은 면접시험이든 시종일관 생글생글하고 있으면 기적이 일어날 가능성이 있다. 그렇게 하기 위해서는 항상 주저하지 말고 100% 웃음 띤 얼굴을 하고 있을 수 있도록 평소부터 거울 앞에서 연습해 두는 것이 필요할 것이다.

13. '웃음 띤 얼굴' 만으로도 매력은 30% 올라간다

웃음 띤 얼굴은 어떤 얼굴을 가진 사람도 매력적으로 만들어 주는 마법의 힘을 가지고 있다. 본래의 얼굴 생김새가 20점인 사람도 웃음 띤 얼굴을 하면 40점이든 50점이든 매력을 업그레이드 할 수 있을 것이다. 다행히 본래의 얼굴 생김새가 80점인 사람이라면 생긋이 웃으면 100점을 노릴 수 있다는 것이다.

"저 친구는 항상 포커페이스(무표정한 표정)로 아주 멋져"라는 평가를 받는 잘 나가는 친구가 있었다 해도 그 친구가 포커페이스이기 때문에 멋지다고 생각하는 것은 큰 오해다. 그 친구는 원래 멋진 얼굴 생김새인데다 웃으면 좀 더 멋진 표정이 되는 것이다. 그것을 착각해서는 안 된다. 최초 1분에 좋은 이미지를 주고 싶다면 만나는 순간에 만면에 웃음 띤 얼굴을 보일 필요가 있다. 웃음 띤 얼굴이야말로 외모의 매력에서 가장 중요한 무기다.

일리노이대학의 킴 뮤저 박사는 '외모적인 매력 중에서 약 30%는 웃음 띤 얼굴이 차지한다' 라는 학설을 발표했다. 헤어스타일이 정해져 있다거나 다리가 길다거나 유방이 크다는 등 남에게 칭찬 받을 만한 외모의 특징은 많이 있어도 최종적으로 그 사람이 매력적인지 어떤지 여부의 30%는 웃음 띤 얼굴을 하고 있는지 여부로 결정된다는 것이다. 웃음 띤 얼굴 하나가

상당한 비중을 차지하고 있는 것이다.

내가 지금까지 읽은 논문들을 종합적으로 분석하면 그저 웃고 있기만 해도 20%에서 30%나 자신의 매력을 높일 수 있다. 웃고 있는 것이 분명히 득이다. "득이 되니까 하라"가 아니라 "절대로 해야 한다"라고 나는 말해두고 싶다.

웃음 띤 얼굴의 장점은 그뿐만 아니다. 만하임(Mannheim) 대학(독일)의 필립 스트럭 박사에 의하면 '비록 억지웃음이라 해도 웃고 있는 사이에 자기 자신의 기분까지 고조된다'고 한다. 타인에게 매력을 느끼게 할 뿐만 아니라 자신까지 행복해지는 것이다. 반대로 '미간을 찌푸린 슬픈 듯한 얼굴을 하고 있으면 정말로 슬픈 기분이 되어버린다' 는 미시간 대학의 랜디 라르슨 박사에 의한 연구 자료도 있다.

우리 자신의 표정에 의해 우리 감정도 영향을 받는다. 우스운 일이 없어도 웃고 있으면 기분이 점점 유쾌해진다. 일을 하고자 하는 의욕도 생긴다. 웃음 띤 얼굴을 하는 것은 상대에게 좋은 인상을 줄 뿐만 아니라 자신까지 행복한 기분이 될 수 있기 때문에 큰 이득이 된다.

진짜 웃음 띤 얼굴이든 거짓 웃음 띤 얼굴이든 그것을 만들기 위해서는 매력적인 웃음 띤 얼굴 만드는 법을 알아두면 실수가 없다. 매력적인 웃음 띤 얼굴의 결정적 수단은 눈초리와 입아귀의 각도다. 시험 삼아 거울을 보면서 눈초리는 20도 내리고 입아귀를 20도 올려본다. 유명 모델의 스마일 못지않은 최고의 웃음 띤 얼굴이 거기에 있을 것이다.

그 웃음 띤 얼굴을 마스터하면 언제라도 한순간에 매력적인 웃음을 띤 얼굴을 할 수 있게 된다. 미용정형 전문가에 의하면 인간은 같은 표정을 20만 번 하면 그 표정이 얼굴에 붙어버린다고 한다. 거기까지 가면 '눈초리를 20도 내리고 입아귀는…' 라는 것을 의식하지 않아도 자연히 최고의 웃음 띤 얼굴이 된다.

일할 때뿐 아니라 개인적으로도 '언제나 웃음 띤 얼굴' 에 유의하면 20만 번과 같은 효과를 곧 달성할 수 있다. 면접, 교섭, 접대 등 여러 가지 경우를 가정하여 웃음 띤 얼굴을 연습해 나가기 바란다.

다만 사과하는 자리에 한해서는 웃음 띤 얼굴은 엄금이다. 고객이 불만을 토로해 왔을 때, 사과할 때나 실수하여 거래처에 머리 숙일 때 생글생글하고 있으면 '너는 반성하는 기미가 없군' 하고 상대의 신경을 건드리니 주의가 필요하다. 상식 있는 독자 여러분은 알고 있겠지만 확실히 하기 위해서….

14. 흡연자는 이런 마이너스 이미지를 준다

친애하는 독자 여러분에게만 살짝 고백하기로 한다. 나는 고교시절에 담배를 피우기 시작하여 벌써 20년 가까운 흡연 습관이 있다.

그런데 나와 오랫동안 알고 지내온 편집자도 이 사실을 모르는 사람들이 제법 많다. 내가 담배를 피울 리 없다 생각하는 모양이다. 예를 들면 호텔을 잡아 줄 때 일부러 금연 룸을 예약해 주곤 한다. 고맙기는 하지만(도리어 곤란한 친절이지만) 그만큼 내가 흡연자라는 것을 잘 감추고 있었다는 증거이기 때문에 어쩔 수 없다고 생각하고 있다.

나는 사람들 앞에서는 담배를 피우지 않는다. 비록 담배 피우

는 사람과 동석하는 자리라 할지라도 절대로 피우지 않는다. 더구나 선술집에서 이웃해 앉은 다른 사람이 피우는 담배 연기에 대해 일부러 콜록콜록 하고 기침한다. '나는 마음속으로 담배라는 것을 제일 싫어한다!' 라는 위장을 하고 있는 것이다(실제로 타인의 연기를 빨아들이는 것은 기분이 나쁠 정도로 싫어한다). 왜 그렇게까지 노력하는가 하면 담배를 피우는 것만으로 상대가 마이너스 이미지로 보기 때문이다. 아니 비록 피우지 않아도 담배를 가슴 포켓에서 엿보이게 하는 것만으로도 이미 아웃이다.

미시시피 주립대학의 로버트 무어 박사는 "담배를 피우는 사람은 나태하고, 하고자 하는 의욕이 없는 인간이라는 평가를 받게 된다"라고 지적한다. 당신이 길가에서 보라색 연기를 천천히 피우고 있는 장면을 때마침 거래처 담당자가 보고 있었다고 하자. 그 담당자가 '저 사람은 틀림없이 게으름뱅이고, 틀린 인간일 거야' 하고 멋대로 상상해 버릴 위험성이 있다는 것이다.

분명히 나도 건강하고 발랄하게 담배를 피우는 사람을 본 적이 없다. 담배 피우는 사람의 표정은 오히려 피곤해 하거나 생기가 없다거나 아무튼 마이너스다. "아이고, 일하기 싫다. 이제 돌아가고 싶다. 빨리 돌아가서 한 잔 하고 싶다"라고 중얼거리는 소리조차 들려올 것 같은 느낌이 든다.

담배 회사가 '담배를 피워서는 안 된다' 라는 광고를 40년 이상 내고 있다. 그 결과 담배는 '나쁜 것, 해로운 것' 이라는 이미지가 강해져버렸다. 담배 갑에는 '흡연은 뇌졸중의 가능성을 높입니다' 라든가 '니코틴으로 인해 흡연에 대한 의존증이 생깁니다' 라는 무서운 경고가 당당하게 새겨져 있다.

담배는 신체에 해가 된다. 그런 것을 일부러 피우는 사람은 바보다. 담배 피우지 않는 사람 입장에서는 그런 식으로 생각하는 것이 극히 당연하다. '담배=네거티브' 라는 이미지는 이미 스테레오타입으로 만들어져 있는 것이다.

담배를 피우지 않는 사람은 다행이다. 적어도 담배를 피우고 있는 모습이 남의 눈에 띄어서 자신의 이미지가 떨어지는 경우는 없을 테니까. 이대로 아무쪼록 평생 담배에는 손을 대지 말기 바란다. 담배를 피우지 않는다는 것만으로도 청결하다는 이미지를 남에게 줄 수 있을 것이다.

그것이 어렵다면 하다못해 사람들 앞에서는 참아야 한다. 상담하는 1시간 혹은 근무 중의 몇 시간은 참고 나중에 한꺼번에 10개비 정도 피우면 되지 않겠는가. '학의 보은' 이란 민화에서 학은 자신이 베를 짜는 모습을 결코 보여주지 않는다. 독자 여러분도 담배를 피우는 모습을 감추는 것이 좋다. 게다가 담배라는 것은 숨어서 몰래 피우는 것이 맛있게 느껴지는 것이다.

15. 한순간에 당신의 발언에 힘이 실리게 하는 지혜

나이가 젊은 탓으로 항상 거래처에서 얕본다. 프레젠테이션에서 한 번도 이긴 적이 없다.

만약 당신에게 이와 같은 고민이 있다면 시도해 보도록 권하고 싶은 간단한 테크닉이 있다. 안경을 끼면 된다. 나는 자신 있게 이 테크닉을 추천할 수 있다. 왜냐 하면 나도 그랬었기 때문이다.

나는 다행히 나이보다 젊게 보아주는데 그로 인해 상대가 얕본다는 단점도 있다는 것을 깨달았다. 그러나 날카롭게 보이는 안경을 낌으로써 마치 마법에 걸린 듯이 심리적인 입장이 강해지는 것을 깨달은 것이다.

안경을 끼면 누구나 지적으로 보인다. 지식이 있는 것처럼 보이기 때문에 자연히 발언에 위엄이 나타난다. 상대는 안경을 낀 당신을 가볍게 취급하지 않게 된다. 그러면 비즈니스의 거래도 프레젠테이션도 지금까지보다 진지하게 들어주게 되며 우세하게 일을 추진할 수도 있다.

다만 안경을 살 때는 어디까지나 스타일리시한 디자인을 고르는 것이 중요하다. 크고 검은 테가 좋다. 느슨한 인상을 주는 것은 카페에 다니며, 피겨가 취미인 남성(단순한 나의 이미지이지만)처럼 여기게 되니 주의하기 바란다.

안경을 살 때 안경점의 점원에게 "지적으로 보이는 적당한 안경을 골라 주십시오"라든가 "나이가 들어 보이는 안경 있습니까?" 하고 부탁하면 틀림없을 것이다. 점원은 프로이기 때문에 당신의 희망에 따른 안경을 골라 줄 것이다. '지적으로 보이고 싶다. 그리고 비즈니스에서 득을 보고 싶다'는 책략으로 구입하는 것이기 때문에 자신의 센스나 유행에 따라 고르는 휴일의 멋쟁이용과는 다르다는 점을 분명히 해 두기 바란다.

와이카토 대학(University of Waikato)의 폴 하미드 박사는 안경을 끼고 있는 사람이 플러스 이미지를 주기 쉽다는 것을 확인했다. 안경을 끼고 있는 사람의 사진과 안경을 끼지 않은 사람의 사진을 준비하여 보는 사람에게 어떤 인상을 주는가를 조사했다.

그러자 안경을 낀 사람의 사진을 본 대부분의 사람은 '이 사람은 현실적이다' '지적이다' '자신을 가지고 있는 사람이다' 라는 긍정적인 평가를 내렸다고 한다. 그리고 또 재미있는 것은 '이 사람은 청소를 좋아하는 것 같다' 라는 평가도 많이 나왔다. 안경을 끼고 있기만 해도 깨끗한 것을 좋아하는 사람으로도 보이는 것이다.

물론 안경을 끼고 있지 않은 사람이 마이너스 이미지를 갖게 한다는 것은 아니다. 콘택트렌즈를 끼고 있는 것이 얼굴 생김새가 산뜻해 보인다는 사람은 콘택트렌즈라도 상관없다.

그러나 그런 사람이라도 일단은 안경 케이스를 남모르게 가지고 있도록 권한다. 굳이 평소에 안경을 낄 필요는 없지만, 이때다 하는 중요한 상담에서는 재빨리 안경을 꺼내서 상담하는 동안만 안경을 끼는 것이다. 그것만으로도 당신의 전문성은 올라가고 지적인 사람이라는 인상을 주게 될 것이다.

다만 하미드 박사의 조사에서는 안경을 낀 사람은 '보수적인 사람이다' 는 이미지를 주기 쉽다는 것도 판명되었다. 이것은 경우에 따라서는 마이너스 포인트일지 모른다.

만약 안경을 낀 정치인이 "이 나라의 정치를 180도 바꿔 보이겠습니다!" 하고 역설했을 때 국민의 공감을 얻지 못할 수도 있을 것이다. 국민이 새로운 일을 할 수 없을 것 같은 보수적인 인물로 보아버리기 때문이다. 독자 여러분도 신상품의 PR이나 새로운 사업의 제안 등 참신함을 강조하고 싶을 때에는 안경을 벗는 것이 옳은 판단이다.

지적으로 보이는 스타일리시한 안경을 비즈니스의 한 도구로써 임기응변에 충분히 활용하기 바라는 바다.

16. 교섭에서 '터부시' 되는 심리 테크닉

홀쭉하고 피부가 흰 사람은 남자다운 체격을 가지고 피부가 햇볕에 탄 사람보다 심약하게 보인다. 바꿔 말하면 피부가 햇볕에 탄 근육질의 사람은 그것만으로도 상대를 심리적으로 위압할 수 있으며 피부색이 흰 사람은 겉보기에 불리해진다는 것이다.

피부가 흰 사람과 햇볕에 타서 건강하게 보이는 사람이 교섭했다고 하자. 나라면 그 교섭 프로세스를 보지 않아도 아마 후자의 승리가 되겠지 하고 예상한다. 별로 싸움을 하는 것도 아니고 비즈니스의 교섭만 하는 것이지만 건강하게 보이는 쪽이 역시 강한 것이다.

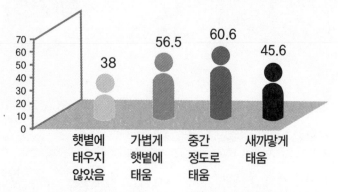

적당히 햇볕에 태워두면 매력적으로 보인다

70				
60			60.6	
50		56.5		45.6
40	38			

햇볕에 태우지 않았음　가볍게 햇볕에 태움　중간 정도로 태움　새까맣게 태움

※ 수치는 '매력적으로 보인다'는 질문에 '네'라고 대답해 준 사람의 비율(%)
(출전 : Broadstock, M., et al.,)

　그러면 심약해 보이는 사람은 어떻게 하면 되겠는가. 많이 먹고 살찌면 될까.

　그렇지 않다, 그러지 않아도 된다. 햇볕에 타면 좋다는 것뿐이다. 검게 타서 윤이 날 정도로 태우는 것은 지나치지만 어느 정도 알맞게 햇볕에 태우면 그것만으로도 건강하게 보이며 적지 않게 강하게 보인다.

　외근이 많은 영업사원 등은 여기저기 이동하는 사이에 저절로 햇볕에 탄다. 그 때문에 건강하게 보이는 사람이 많다.

　하지만 내근이 주된 부서에 적을 둔 사람은 낮에 밖으로 나갈 기회가 없는 만큼 좀처럼 햇볕에 타기 어렵다. 그 때문에 '궁상 스러운 상'으로 보이는 사람이 많다. 만약 당신이 내근의 사무 업무를 하고 있다면 평소는 택시를 이용하는 거리를 걷거나 하여 의식적으로 햇볕에 태우도록 유의하기 바란다. 휴일에는 집에서 뒹굴 것이 아니라 밖으로 나가자.

햇볕에 태워서 건강한 이미지를 만들도록 노력할 것을 왜 내가 이렇게 주장하는가 하면 건강한 사람일수록 타인의 눈에는 매력적으로 비친다는 것을 알고 있기 때문이다.

멜본 대학의 마리타 브로드스톡 박사는 남녀 한 사람씩 모델의 사진을 사용한 조사를 했다. 사진은 남녀 모델 각자의 피부색을 컴퓨터 처리로 흰색, 가볍게 햇볕에 탄 피부, 중간 중도로 햇볕에 탄 피부, 새까맣게 탄 피부 등 4단계로 변화시킨 4매를 준비했다. 그리고 그 사진을 몇 사람에게 보여서 "이 모델은 건강하다고 생각합니까?" 하고 물었다.

그 결과 모델의 성별에 관계없이 중간 정도로 햇볕에 탄 사진이 '가장 건강하다'는 인상을 준다는 것을 알았다. 그리고 '가장 건강하지 못하다'는 인상을 준 것이 상상한 대로 피부색이 흰 사진이었다.

또 브로드스톡 박사는 "이 모델은 매력적이라 생각합니까?"라는 질문도 했다. 그 결과 마찬가지로 중간 정도로 햇볕에 탄 사진이 제일 매력적이며, 흰색의 사진이 가장 매력이 없다는 회답을 얻었다(도표 참조). 가볍게 햇볕에 태우기만 해도 매력적으로 보이는 것이다. 피부를 적당히 태워두면 건강한 이미지와 함께 매력적인 사람이라는 인상을 주는 경품도 따라온다는 것이다.

이 이유를 나는 이렇게 생각한다.

피부가 흰 사람은 체력이 없는 듯한 이미지가 있고 정신적으로도 약한 것 같다는 느낌이 든다. 아침 조회에서 빈혈을 일으켜 쓰러질 것 같은 그런 이미지다. 어쩌면 회사에서는 피부가 희다는 것만으로 '이런 콩나물 같은 놈에게 중요한 일을 맡기는 것은 걱정이다' 라고 판단하는 경우도 있을지 모른다. 실제로 그런 경우는 많다. 피부가 흰 사람은 비즈니스맨으로서도 매력이 부족하다.

반면, 햇볕에 탄 사람은 체력도 있을 것처럼 보일 것이고 정신적으로도 강인하다는 느낌이 든다. 깎아지른 절벽을 거침없이 올라가서 "파이팅"이라고 외칠 정도의 여유가 있을 것 같은, 심신이 터프한 이미지다.

'이 사람이라면 무슨 일이 있어도 완수해 주겠지' 하고 신뢰하며 차츰 큰 업무를 맡기게 되고 중용할 것이다. 터프하게 보인다는 것은 비즈니스맨으로서 강점이 된다.

그러나 만약 당신이 실제로는 허약했다 해도 걱정할 것 없다. 실은 계단을 오르기만 해도 숨이 찰 정도라 해도 피부를 햇볕에 태워두면 사람들은 당신을 '건강하고 매력적이다' 라고 믿어 줄 테니까.

17. 상대가 왠지 강하게 나올 수 없게 하는 '라인' 의 법칙

미키마우스의 얼굴이 시대와 더불어 변천해 온 것을 알고 있는가.

월트 디즈니에 의해 이 세상에 갓 태어난 오리지널 미키마우스는 원래 샤프한 얼굴 생김새의 리얼한 쥐 얼굴이었다. 그것이 오늘날 귀도 윤곽도 둥글고 사랑스러운 얼굴 생김새로 변한 까닭은 무엇인가. 대답은 간단하다. 둥근 얼굴 쪽을 어른이나 아이들이 좋아하기 때문이다.

둥근 얼굴에 한하지 않고 인간은 둥근 도형 그 자체를 좋아한다는 심리학 자료도 있다. 실제로 둥근 것, 세모, 네모 등의 도형을 보고 "어떤 것을 좋아하는가?"라고 물으면 대개의 사람들은 둥근 것을 고른다. 이 경향은 어른도 그렇고 어린아이도 마찬가지다. 모두 둥근 것을 좋아한다. 미키마우스에 한하지 않고 도라에몽(가공 캐릭터), 안판맨(그림책 시리즈에 나오는 주인공으로 가공 캐릭터), 크레용신짱(텔레비전 방영 및 영화화된 공포물 애니메이션의 타이틀) 등 많은 시청자의 사랑을 받을 캐릭터의 얼굴이 모두 둥근 것도 수긍이 간다.

네바다대학의 비토리스 가드너 박사가 200명의 남녀 학생에게 몇 가지 얼굴형의 실루엣만을 보였을 때도 제일 좋은 인상을 준 것은 '둥근 얼굴의 실루엣'이었다는 보고도 나와 있다. 이목구비 등의 영향을 배제하기 위해 이 실험에서는 새까만 실루엣을 사용하였지만 얼굴이 둥글다는 것만으로 호감을 사는 것이 과학적으로도 뒷받침되었다 할 것이다.

또 이 조사에서는 둥근 얼굴의 실루엣이 '베이비페이스(baby face)다' 하고 판단되는 것도 알았다. 둥근 얼굴이 인기가 높았다는 결과와 비교해 보면 베이비페이스 같은 사람이 호감 사기 쉽다고도 추측할 수 있을 것이다.

이런 결과에 입각하여 가드너 박사는 이렇게 결론짓고 있다. "인간은 갓난아기를 생각게 하는 둥근 얼굴의 사람을 좋아한다. 왜냐 하면 갓난아기와 같은 사람을 보면 따뜻한 마음이 되고 이것저것 마음 써 주고 싶어지기 때문이다."

'자신은 자타가 공히 인정하는 둥근 얼굴이다' 는 사람은 둥근 얼굴로 태어나게 해 준 양친에게 감사하는 것이 좋을 것이다. 당신은 둥근 얼굴이라는 것만으로 타인으로부터 엄한 처사를 받는 일은 좀처럼 없을 것이다. 아무리 성격이 엄격한 사람도 갓난아기를 볼 때의 상냥한 마음이 되어버리기 때문이다. "둥근 얼굴이 싫다"라고 불평을 해서는 안 된다. 둥근 얼굴은 당신의 좋은 무기가 되기 때문에.

그러면 턱이 뾰족한 삼각형의 얼굴이나 하관이 뻗어 사각형 얼굴의 사람은 안 되는 것일까. 아니 그렇게 단적으로 생각해서는 안 된다. 상대에게 둥근 라인을 연상하게 하면 같은 효과를 노릴 수 있다.

헤어스타일을 살짝 둥그스름하게 하는 것도 좋고 둥근 문자반의 시계를 몸에 지니는 것도 좋을 것이다. 여성이라면 둥근 이어링이나 피어스(pierce)를 다는 것도 효과적이다. 그것으로 충분히 균형은 잡힌다.

18. 프로필만으로 채용되지 못하는 이유

"어느 정도 나이가 들어 나처럼 풍채가 좋지 않으면 부하에게

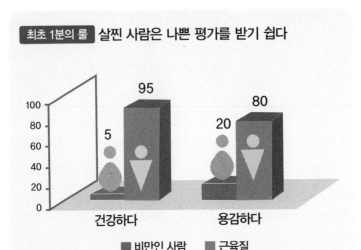

살찐 사람은 나쁜 평가를 받기 쉽다

95

80

5

20

100
80
60
40
20
0

건강하다   용감하다

■ 비만인 사람   ■ 근육질

※ 수치는 '그렇게 생각한다'고 대답한 사람의 비율(%)

(출전 : Lemer. R. M.,et al.,)

경시당한단 말이야. 하하하!" 하고 호언하면서 심야에 불고기를 잔뜩 먹고 더욱 체중을 늘리고 있는 상사가 당신 주위에도 있을 것이다. 그런데 그런 주장은 전적으로 거짓말이며 착각도 분수가 있다. 그 상사에게 동정하고 싶을 정도다.

체형에 관한 심리학 자료의 대부분은 '살찐 사람은 안 된다'는 결과를 일관해서 나타내고 있다. 비만인 사람은 마이너스 평가를 받기 쉽다.

이스튼 미시건 대학의 리처드 라나 박사는 비만인 사람의 사진과 근육질인 사람의 사진을 보여주며 각각의 인상을 묻는 조사를 한 적이 있다. 그 결과 근육질인 사람은 '건강하다' '용감한 것 같다' '마음이 따뜻하다' 라는 플러스 인상을 준다는 것이 판명되었다.

비만인 사람은 어떤 평이 나왔는가 하면 사진을 본 65%나 되는 사람이 '이 사람은 아마 수다쟁이일 것이다' 라고 예상했다. 또 '머리가 나쁠 것 같다' 라는 의견도 두드러져 있었다고 하니 차마 볼 수 없는 결과다(도표 참조).

유일하게 살찐 사람이 얻은 플러스 인상은 '정직하게 보인다' 라는 정도이다. 정직함이 포인트가 되는 신부나 학교 선생 등은 직업상 비만 체형이라도 좋을지 모른다. 그러나 역시 대부분의 직업에는 적합하지 못하다고 생각한다.

동(東)테네시 주립대학의 노만 한킨슨 박사가 행한 실험도 살찐 사람은 마이너스 이미지를 주는 것을 증명하고 있다. 한킨슨 박사는 '한 기업에 응모해 온 남성' 이라는 명목으로 작성한 가공의 프로필을 여러 종류 준비했다. 그 때 여러 종류 있는 프로필의 내용은 한 치도 틀리지 않고 통일되어 있었다. 다만 실려 있는 사진에만 체형, 머리숱의 양, 신장 세 가지에 차이가 나도록 합성하여 조작한 것이 실험의 특징이다.

그렇게 하여 완성된 여러 종류의 프로필을 160명의 학생에게 보여주며 "당신이 인사 담당이라면 이 인물을 채용하겠는가?" 라고 물었더니 채용의 판단이 갈린 것은 단지 '체형' 때문이었다. 머리숱이 많든 적든 또 신장이 크든 작든 그런 것은 관계없이 마른 사람은 채용되기 쉽고 살찐 사람은 채용되기 어려웠던 것이다.

마른 사람 쪽이 '이 사람은 일에 적극적일 것이다' 라는 평가를 받았고 살찐 사람은 '이 사람은 소극적이며 일도 게으름 피울 것 같다' 라는 평가가 나온 것이 그 이유다.

대머리든 꼬마든 면접의 결과에는 거의 관여하지 않았다. 다만 뚱보는 곤란하다는 것이다. 살찐 사람으로서는 불합리하다고 생각할 수 있는 평가지만 사실이니 관심을 가질 수밖에 없다. 그것이 싫으면 표준 체형을 유지하도록 노력해야 할 것이다.

살찐 사람의 단점을 불쾌할 정도로 심하게 말해 왔지만 나는 결코 "살찐 사람은 모두 지금 곧 살을 빼라"라고 강요하는 것은 아니다. '뚱보 캐릭터'라는 특징을 살려서 멋진 애교로 승부하는 것도 하나의 방법이다. 앞에서 "둥근 얼굴은 호감을 산다"라는 말을 했는데 신체가 둥그스름하게 살찐 사람은 애교, 사람을 기쁘게 하는 말이나 행동을 느끼게 한다. 따라서 그런 캐릭터로 PR하여 자신을 알리도록 하는 것이다.

뚱보임을 자인하는 코미디언이 "있다 맛~" 하고 행복한 듯이 구르메(요리 맛에 정통함, 미식가)를 만끽하는 텔레비전 프로가 있다. 벌써 몇 년이나 방송되고 있기 때문에 독자 여러분도 "아아, 그 프로로군" 하고 직감적으로 느끼는 사람도 많을 것이다. 나는 그 코미디언의 호쾌하게 먹는 모습과 행복한 듯한 표정을 보고 있으면 슬픔이나 고통을 없애주는 듯한 느낌이 든다. 애교가 있고 참으로 미워할 수 없구나 하고 생각한다.

그런 방향으로 자신의 포지션을 만드는 것도 결코 나쁘지 않을 것이다. 물론 다이어트를 하여 살을 빼는 쪽을 나는 권하고 싶지만….

19. 자신의 레벨이 올라가는 '연상반응' 효과

자신의 매력을 실제 이상으로 보이고 싶다면 자신보다 훨씬 매력적인 사람을 골라서 사귀는 것이 좋다. 그렇게 하는 것이 자신의 레벨을 높여 보일 수 있기 때문이다.

예를 들면 미팅 멤버 찾기를 할 때에는 자신보다 근사한 사람만 골라서 데려가야 한다. 근사한 사람들만의 팀에 몸을 두는 것이 자신에 대한 상대 여자아이들의 평가를 한층 더 높이는 방법이다. 물론 하늘과 땅 차이로 근사한 사람에게는 아무리 발버둥 쳐도 당할 수 없겠지만 자신의 멋진 모습을 실제 이상으로 끌어올릴 수 있는 이점이 있다.

때로는 자신이 제일 인기를 얻고 싶다고 해서 일부러 자신보다 못생긴 사람을 모으려는 잔꾀를 부리는 사람이 있는데 별로 영리한 수단이라고는 말할 수 없다. '쓰레기통에 장미' 가 안 될 리도 없겠지만 상대 여자아이들에게는 '못생긴 사람들 뿐' 이라는 인상을 줄 가능성이 크다. 여자아이들이 '일찌감치 돌아가야겠다' 하고 단념하고 돌아간다 해도 그것은 자업자득이다.

함께 있는 사람의 이미지는 좋든 나쁘든 자신에게까지 파급되는 것이다. 이것을 '연상반응' 또는 '파급효과'라고 한다. 이와 같은 '연상반응' 이 실제로 일어나는 것은 라이스 대학의 마이클 헤브르 박사가 아주 독특한 실험으로 확인했다.

헤브르 박사는 모 공항 대합실에 있던 불특정 다수 인물에게 한 남성의 사진을 보이고 "당신의 회사에 이 남성이 응모해 온다면 채용하겠습니까?" 하고 물었다. 단 사진은 두 종류였다. 한 장은 그 남성이 비만 체형의 여성과 함께 찍혀 있는 것이었다. 다른 한 장은 표준 체형의 여성과 함께 찍혀 있는 것이었다.

그 결과 그 남성에 대한 평가를 부탁하였을 뿐인데 함께 있는 여자아이가 살쪘다고 나쁘게 평가하여 "채용하지 않겠다"라는 대답이 많았다. 살찐 사람이 마이너스 인상을 주기 쉬운 것은 앞에서 설명한 바와 같다. 헤브르 박사의 실험은 함께 사진에 찍혀 있던 비만의 여성의 마이너스 인상 탓으로 남성의 인상까지 마이너스가 되어버린다는 것을 보여주었다. 바로 불똥이 튄 것이지만 이런 일은 종종 있는 일이다.

불똥이 튀지 않기 위해서는 어떻게 하면 되겠는가. 간단한 것이지만 외모적으로 마이너스 요인이 있는 사람과는 행동을 함께 하지 않으면 되는 것이다. 분명히 외모가 불결해 보이는 사람과 함께 있으면 당신도 단정치 못한 인간 취급을 받는다. 양 어깨에 비듬이 떨어져 있는 사람과 함께 있으면 당신도 그런 인간으로 취급받는다.

반대로 외모적으로 플러스 요인이 많은 사람과는 적극적으로 사이좋게 지내라고 권하고 싶다. 자기보다 핸섬(또는 미인), 지적으로 보이는 사람, 웃음 띤 얼굴이 멋진 사람 등을 발견하면 몸소 행동을 같이 하자. 그렇게 하면 '연상반응' 의 혜택을 온갖 장면에서 향수할 수 있기 때문이다.

일 잘하는 상사는 함께 일하는 부하의 복장도 까다롭게 지도한다. 자신의 복장 이상으로 함께 데리고 걷는 부하의 복장에 구애된다. 왜냐 하면 부하가 우습게 보일만한 복장을 하고 있으면 자신까지 우습게 보일까 우려하기 때문이다. 그런 위험이 있다는 것을 기억해 두자.

20. 불과 10%의 차이가 몇 배의 평가 차이를 낸다

여성의 경우, 화장하지 않은 얼굴로 출근하는 사람은 별로 없을 것이다. 그런데 만약 "나는 화장하지 않은 얼굴로 회사에 가도 아무렇지 않아요" 라고 말하는 사람이 있다면 감히 엄격한 주의를 환기시키고 싶다. "화장 정도는 하고 다녀라."

여성은 사회인이 되면 '화장도 단정한 몸가짐 중의 하나' 다. 현실적인 말을 하면 누구나 나이 들면 피부의 탄력이 쇠퇴되고 기미나 주름살도 눈에 두드러지게 나타난다. 그것이 인간의 운명이니 그것 자체로 탄식할 것까지는 없다. 하지만 늙은 추한 모습을 드러내고 있는 것은 역시 볼품이 좋지 않다. 그런 얼굴의 흠은 보는 사람에게 불쾌감을 줄 뿐이니까 화장으로 감추는 것이 인기가 좋아지는 방법이다.

프랑스에 있는 엑스 마르세이유 대학의 파스칼 브게트 박사는 '화장을 하는 여성과 하지 않은 여성 중 어느 쪽이 매력적인가?'에 대해서 조사한 적이 있다. 그 결과 화장을 하는 여성이 하지 않은 여성보다 매력이 10% 높아진다는 것을 밝혀냈다.

고작 10%의 차이라고 깔보지 말지어다. 그 조금의 차이가 조만간 몇 배나 되는 평가 차이가 되어 되돌아온다. 화장을 하고 있지 않은 탓으로 졌다고 한다면 후회해서 될 일이 아니다. 어느 정도 화장해서 깨끗이 단장하지 않으면 여성으로서의 행복도 놓칠 수 있다. 일도 잘 안 될 것이다.

물론 '밤의 나비'를 연상시키듯이 "어디 보자" 하고 아이세도랑 루즈를 진하게 바르면 되는 것은 결코 아니다. 너무 화사한 화장 역시 주의를 요한다. 신뢰할 수 있는 회사의 선배나 친구에게 "내 화장 이상하지 않아요?" 하고 의견을 물어서 잘못 생각한 화장을 예방하는 것이 안전하다.

일단 말해 두면 브게트 박사의 연구에서는 '젊은 여자아이는 화장을 하지 않는 것이 호감을 산다'는 사실도 밝혀졌다. 젊은 여자아이는 싱싱하고 흠을 찾을 수 없기 때문일 것이다. 본래의 피부가 아름답기 때문에 엷은 화장으로 충분하다.

그러면 남성은 어떨까. 아무것도 하지 않아도 되는가. 아니다, 그런 것이 아니다. 남성에게는 화장의 습관조차 없지만 역시 얼굴의 흠을 감추는 노력을 게을리 해서는 안 된다.

출근 전에 매일 아침 거울 속의 자신의 모습을 비추어 보라. 눈에 눈곱이 붙어 있지 않는가. 덥수룩하게 자란 수염을 손질하지 않고 그대로 놓아두고 있지 않는가. 웃었을 때 코털이 나와 있지 않는가. 체크해야 할 항목은 제법 있을 것이다.

사람을 만나기 전에는 얼굴의 기름기를 닦아 내는 화장지나 종이를 준비해두고 그것으로 이마를 닦아 두자. 얼굴에 기름기가 흐르고 필요 이상으로 피지가 많으면 '정열적' 인 이미지라기보다 단순히 '지저분한 아저씨' 다.

남성은 원래 몸치장에 무관심한 사람이 많다. 특히 잡지 편집자 같은 사람은 늘 밤샘을 하기 때문에 기름 낀 머리, 빨갛게 충혈 된 눈, 덥수룩한 수염을 한 채 아무렇지 않게 협의하러 방문하는 사람도 적지 않다. 2~3m나 떨어져 있는데도 이쪽까지 이상한 냄새를 풍기는 경우도 있다. 계속 밤샘하여 목욕도 못한 사정을 모르는 것은 아니지만 이쪽으로서는 직시하기 어려운 바가 있다. 지저분해서 다가가고 싶지 않은 것이다. 게다가 또 그런 사람에 한해서 일하는 실력도 대수롭지 않다(적어도 그런 것처럼 보이고 만다). 역시 최소한 청결함만은 사수해야 할 것이다.

남성도 여성도 감출 수 있는 흠은 철저히 감추는 것이 자신의 매력을 실제 이상으로 높일 수 있다는 것은 의심할 것 없는 사실이다.

21. 설득에 유리한 타입으로 변하는 3가지 포인트

진짜 미남이나 정통파 미인이 첫 대면의 사람과 융합하려면 약간 불리하다. 물론 상대를 매료시킨다는 점에서는 아름다운 얼굴 생김새가 좋다. 하지만 지나치게 아름다운 얼굴 생김새의 사람은 상대를 긴장시킨다.

나도 대단한 미인인 여성 편집자를 취재에서 만나거나 하면 가슴이 두근거려 평소의 컨디션을 낼 수 없게 된다. '높은 봉우리의 꽃'을 먼발치에서 보는 것은 좋아하지만 막상 만나면 농담도 하지 못하는 기개가 없는 사람이 된다. 세상 남성의 대부분은 이럴 것이라고 생각하기 때문에 체념하고 있다.

그러면 어떤 타입의 얼굴이 첫 대면에서 유리한가 하면 정통 '동안(童顔)'이다. 동안의 사람이 첫 대면에서도 상대를 긴장시키지 않기 때문에 인기가 있다. 만난 순간부터 상대의 마음을 여는 것이 동안인 사람의 특권인 것이다.

동물행동학자 콘트라 로렌츠 박사가 '갓난아기는 왜 매력적인가'라는 논문을 썼는데 '갓난아기는 귀엽지 않으면 부모의 보살핌을 받지 못하기 때문에'라는 것이 결론이었다. 갓난아기는 태어난 순간에 그 사랑스러움으로 부모의 마음을 단단히 잡고 있는 것이다.

인간에 한하지 않고 고릴라, 병아리 등 모든 동물의 새끼는 둥그스름하고 귀엽다. 그것들은 결코 우연의 일치가 아니다. 부모의 손을 빌리지 않으면 살 수 없는 갓난아기는 귀엽게 태어나기 위해 진화하고 있다는 것이 진실이다. 동안의 사람이 호감을 사는 메커니즘은 변하지 않는다. 몇 살이 되든 갓난아기와 같은 사랑스러움이 있으면 누구나 귀여워 해준다.

그리고 동안의 사람이 득을 보는 것은 첫 대면의 사람을 만나는 자리에 한정되지 않는다. 상대를 설득하는 재능을 가지고 있는 것도 동안 사람의 이점임이 알려져 있다. 카타바 대학 (Catawba College)의 세이나 브라운로 박사는 "대학의 수업료는 좀 더 올려야 한다"라고 설득하는 사람의 비디오를 실험적으로 만들었다. 동안인 사람이 설득하는 비디오와 성숙한 어른이 설득하는 비디오 두 종류를 준비하여 많은 사람에게 보였다. 그러자 동안의 사람이 설득하는 것이 사람들을 납득시키는 데 효과적이라는 결과가 나왔다.

만약 당신이 어른다운 얼굴이라도 동안처럼 보이게 하는 궁리를 하면 마찬가지로 은혜를 입을 수 있다.

우선은 머리 모양을 촌스러울 정도로 길게 하지 말 것. 머리카락이 길면 어린아이처럼 보아주지 않는다. 때문에 산뜻하게 머리를 잘라 두는 것이다. 다음에 이마를 말쑥하게 내놓을 것. 앞머리로 이마를 감추고 있으면 역시 어린아이처럼 보아주지 않는다. 때문에 이마를 내놓는 것이다. 여성의 경우, 핀 같은 것으로 이마가 나오도록 하는 것도 좋다. 나라면 그런 여성의 부탁이라면 대개는 받아들일 것이라 생각한다. 마지막으로 항상 생글생글 웃고 있을 것.

　이 세 가지를 실행하면 평소보다 어린 얼굴 생김새를 연출할 수 있다. 여러분도 시도해 보기 바란다.

제 2 부

대화에 미숙한 사람이 잘 나가는 말을 꺼내는 테크닉

훈련한다

'외면'을 만든다
▼
말을 꺼낸다 ┈┈▶ 상대를 그럴 마음이 들게 하는 사람과 그렇지 않은 사람은 같은 말을 해도 어디가 다르다. 말이 서툰 사람이라도 설득력이 높아지는 심리 테크닉을 소개한다.
▼
성공률을 높인다

22. 분발하지 않고도 대화 능력을 높이는 방법

요즘 비즈니스맨은 전체적으로 대화가 서툰 사람이 많다. 그러나 대화야말로 커뮤니케이션에 있어서 중요한 사항이다. 이것이 서툴면 손해는 보더라도 득을 보는 일은 없다. 그래서 이 장에서는 말이 서툴다는 결점을 잘 극복해 대화를 원활하게 진행하는 단서를 소개하고자 한다.

실제로 나는 세미나 등에서 "대화 능력을 연마하기 위해서는 어떻게 하면 되겠는가?"라는 상담을 많이 받는다(그리고 이 상담이 제일 많다). 그 대답은 "연습이 있을 뿐"이다.

지나치게 노골적이라 맛도 정취도 없는 대답이라고 생각할지 모르겠다. 그러나 복권을 사는 횟수가 많을수록 당첨 확률은 높아진다. 대화량이 적은 사람은 성공할 잠재적인 찬스를 없애고 있다고 생각해야 할 것이다. 경험이 많아야 실력을 발휘한다. 집에서는 별로 말이 없지만 밖에서는 말을 잘한다는 것은 거짓말이다. 평소부터 말을 많이 하며 대화량을 늘리지 않으면 막상 중요한 사람 앞에서 말을 할 수 없다.

지금은 편리한 사회가 되었기 때문에 대화하지 않아도 충분한 경우가 많다. 사무적인 연락 사항이나 간단한 상담이라면 팩스나 이메일로 스피디하게 마칠 수 있기 때문이다.

약 10년 전에는 아무리 사소한 거래라도 일일이 만나 말을 주고받아야 했다. 그것이 언제부터인가 전화의 발명에 의해 만나지 않아도 대화할 수 있게 되었다. 그 후는 팩스나 메일, 텔레비전 전화가 등장하여 지금은 실제로 이야기할 시간조차 아까워하는 풍조다.

"옛날 아이에 비해서 지금의 아이는 체력이 부족하다"라고 개탄하는 사람도 있다. 그것도 마찬가지다. 지금 아이들은 전차나 버스로 통학하고 옛날 아이들처럼 장거리를 걸을 필요가 대체로 없다. 교통수단이 발달해 있기 때문에 옛날 아이와 같은 정도의 체력을 요구하는 것이 난센스라는 것이다.

요즘 비즈니스맨이 대화가 서툰 경향이 있는 것도 커뮤니케이션 툴의 발달이 원인이다. 팩스나 이메일 등 대화 이외의 수단에 의존하고 있기 때문에 대화 능력이 높아질 리 없는 것이다. 그것은 어쩔 도리가 없다는 일면이 있다. 하지만 그렇다고 해서 대화 능력을 닦지 않아도 된다는 것은 아니다.

나는 굳이 비즈니스에 팩스나 이메일을 활용하지 말라고 어드바이스하고 있는 것은 아니다. 그런 시대에 뒤떨어진 비즈니스맨은 아무리 대화를 잘해도 쓸 만한 사람이 못되기 때문이다.

다만 그 날 만난 상대에게 뭐든 좋으니 말을 걸어보도록 하자. 회사에 출근하면 같은 직장 동료에게 "오늘도 예쁘네. 마음이 즐겁겠어. 고마워" 하고 말을 걸자. 거래처에 가는 도중에 편의점에 들르면 그곳 점원에게 "이제 고기만두의 계절입니다" 하고 말을 걸어보는 것이다. 사람을 만나면 '대화 연습을 하는 찬스'라고 생각하고 탐욕적으로 연습 상대가 되게 하자.

베르 연구소의 클레머 슈나이더 박사가 3132명의 비즈니스맨을 대상으로 하루 근무시간 내의 커뮤니케이션의 양을 조사하였더니 대면 상태에서의 대화의 비율이 가장 높아 35.5%나 되었다고 한다. 이메일이나 전화를 아무리 많이 사용해도 결국 직접 대화를 나눌 환경은 비즈니스에서 많다.

슈나이더 박사는 사전에 조사대상의 비즈니스맨에게 직접 이야기하는 시간을 추정하게 해 보았더니 "하루 중에 대면하여 대화하는 시간은 20% 정도일까요" 하고 자신의 대화량을 적은 듯 하게 가늠하고 있었다고 한다. 실제는 예상을 훨씬 웃도는 35.5%라는 시간을 대화를 통해 일하고 있었음에도 불구하고 말이다.

대화의 중요성을 경시한 '대화가 서툰 비즈니스맨'이 늘고 있는 것이 작금의 현실이다. 따라서 은밀히 대화의 연습을 거듭하여 타인과 격차를 내도록 해야 할 것이다.

23. 1분 안에 상대의 노여움을 가라앉히는 사죄 테크닉

인간인 이상 누구나 실수는 따르기 마련이다. 깜빡 실수하여 상사로부터 호되게 꾸중을 듣는 경우도 있을 것이다. 머리에서 김이 나올 정도로 화가 나 있는 상사의 노여움까지도 한순간에 진정시키는 테크닉을 소개한다.

'그런 마법과 같은 방법이 있단 말인가?' 하고 생각하는 독자가 있을지 모르지만 정말로 있다. 그것은 얼굴을 새빨갛게 붉히고 고개를 숙이고 있는 것이다. 그것만으로 OK다.

얼굴을 새빨갛게 붉히고 있으면 당신이 실수한 것을 충분히 부끄러워하고 반성하고 있다는 것이 상대에게 시각 정보로서 전해진다. 왜냐 하면 부끄럽다고 생각하는 사람은 정말로 얼굴이 빨개지기 때문이다. '얼굴이 새빨개져 있다'는 눈에 보이는 정보는 "바다보다 깊게 반성하고 있습니다"라고 하는 입에 발린 말을 하는 것보다 훨씬 진실미가 있는 것이다.

네덜란드 남동부에 있는 마스트리흐트(Maastricht) 대학의 심리학자 피터 데종 박사는 "얼굴을 빨갛게 붉히고 있으면 타인으로부터 관대한 평가를 받을 수 있다"라고 어드바이스한다.

타인에게 폐를 입혀도 얼굴을 새빨갛게 붉히고 있으면 "당신에게 책임은 없다" 하고 흘려보내 준다는 것을 데종 박사는 실험에서 확인한 것이다.

어지간히 심술궂은 사람이 아니라면 혹은 새디스틱한 사람이 아니면 이미 반성하고 있는 사람을 더 꾸짖으려고 생각지 않는다. '얼굴을 빨갛게 붉힐 정도로 반성하고 있다면 용서해 주지' 하고 관대한 마음이 되는 것이 대체적으로 사람의 자연스런 반응이다.

'이거 호되게 야단맞을지도 모르겠다' 하고 생각하면 곧 얼굴을 새빨갛게 붉히고 고개를 숙이면 된다. 상대는 "…뭐 지나간 일이야. 이번뿐이다" 하고 쓴웃음을 지으면서도 용서해 줄 가능성은 높아질 것이다.

독자 여러분은 '얼굴을 빨갛게 붉히는 것은 생리적인 현상이기 때문에 자신의 의사로는 어떻게 할 수 없는 것이 아닐까' 하고 의문시하는 사람이 있을지도 모른다. 그런데 내가 여러 가지 시험해 본 결과 그 문제는 이미 해결된 것이다. 얼굴을 빨갛게 붉히는 것은 간단하며 1분 정도 숨을 멈추고 있기만 하면 된다.

아무리 시원스런 얼굴을 하고 있는 사람도 반드시 빨갛게 붉힐 수 있다. 약간 고개를 숙이는 듯한 태도로 숨을 멈추고 있으면 얼굴이 차츰 빨개져서 크게 반성하고 있는 것처럼 보인다. 초등학교 시절부터 계속 매일 같이 선생으로부터 설교를 듣던 내가 괴로운 나머지 짜낸 테크닉이지만 효과를 보장한다.

비록 본심으로는 전혀 반성하지 않아도 반성하는 기미를 노골적으로 얼굴에 나타내는 연기를 할 수 있으면 딱딱거리는 설교를 듣지 않아도 된다. '인간관계에서 좌절하지 않기 위해서는 연기력이 대단히 중요하다' 는 것이 나의 지론이다.

배우나 여배우가 되었다는 생각으로 매일 거울을 보면서 울상이나 슬퍼하고 있는 얼굴, 죄악감을 느끼고 있는 얼굴, 기쁜 듯한 얼굴 등 갖가지 표정의 훈련을 하는 것도 좋을 것이다. 너나 할 것 없이 기가 죽어 움츠러들 것 같은 노여운 얼굴로 위협한다, 진심으로 기쁜 듯한 얼굴로 접대한다는 등의 훈련은 대인 측면에서의 전략을 다채롭게 할 것이다.

될 수 있다면 눈물을 흘린다, 얼굴이 창백해진다는 등 여러 종류의 생리 반응을 자유자재로 조종할 수 있다면 틀림없이 연기가 세련된다. 그러나 그 방법은 아직 내가 알 바 아니기 때문에 발견한 사람이 있다면 내게도 가르쳐 주었으면 고맙겠다.

24. '이야기가 재미있는 사람' 이라 생각하게 만드는 화술

카운슬링의 하나로 '음악요법' 이라는 방법이 있다. 예를 들면 변비로 고민하는 사람에게 모차르트의 미뉴에트를 들려주면 변비를 완화하는 효과가 있기 때문에 증상을 완화하는 음악을 처방하는 것이다.

듣는 음악에 의해서 인간은 많은 영향을 받는다. 흥겨운 팝송을 듣고 있으면 자연히 마음도 들뜨고 음산한 느낌이 드는 곡을 듣고 있으면 심리적으로도 어두워진다. 그런 경험이 누구나 있을 것이다.

그런데 인간이 말하는 목소리도 음악적인 효과를 낼 수 있다는 것을 알고 있는가.

말할 때도 멜로디를 연주하듯이 경쾌한 목소리로 말하면 상대의 마음을 상쾌하게 할 수 있다. 경쾌한 목소리로 말하면 비록 장례식의 화제였다 해도 마치 만담처럼 들리는 것이다. 그만큼 이야기하는 목소리의 톤은 영향력이 큰 것이다.

어두운 목소리로 말하면 듣는 사람의 기분까지도 침침하게 한다. 대부분의 사람이 타인의 푸념을 듣기 싫어하는 것은 대개의 경우 푸념을 늘어놓는 사람의 목소리의 톤이 어둡기 때문이다. 푸념을 듣게 되면 자신까지 어두운 기분이 되어버리기 때문에 싫은 것이다.

"나, 정리해고 대상이 되고 있는 모양이야"라는 마음 아픈 이야기를 어두운 음조로 듣게 되면 누구나 귀를 막고 싶어진다. 하지만 같은 대사라도 "맙소사, 정리해고야, 정리해고란 말이야♪" 하고 경쾌한 목소리로 말하면 인상은 전적으로 달라질 것이다. "뭐, 인생이란 여러 가지가 있겠지만 낙심하지 말고 분발하자" 하고 듣는 사람도 건전하게 격려할 수 있는 것이다.

경쾌한 목소리로 말하면 상대도 즐거운 기분이 된다. 그러면 상대는 당신의 이야기에 귀를 기울이게 된다. 상대의 관심을 자신의 이야기에 집중시킬 수 있는 것이다. 말을 빨리 하면 경쾌한 목소리를 낼 수 있으니 부디 실천하기 바란다. "이야기가 따분하다"라는 말을 듣거나 말이 서툰 사람에게는 부디 경쾌한 목소리로 말하는 작전을 권하고 싶다.

독일 남부 바이에른 주에 있는 뷰르츠부르크 대학의 심리학자 로란드 노이만 박사가 언뜻 보기에 어리석은 실험을 아주 진지하게 했다. 노이만 박사는 ①철학 서적을 즐겁게 읽어준 경우 ②감정 없이 읽어준 경우 ③슬픈 듯이 읽은 경우 중 어느 타입이 사람에게 호감을 줄 것인가를 30명의 남녀를 모아 실험한 적이 있다.

그런데 읽어주는 사람은 같았는데 즐거운 듯한 목소리로 말하면 슬픈 듯한 목소리로 말하는 것보다 2배 이상 호감을 산다는 것을 알았다. 철학 서적이라면 내용이 추상적인데다 들어도 재미가 없었을 것이라고 생각된다. 그래도 말하는 사람이 즐거운 듯이 이야기하면 이야기의 의미는 몰라도 왠지 재미있는 이야기처럼 들려서 호감을 산다는 것이다.

자신도 어이없을 정도로 따분한 이야기라도 그것밖에 이야깃거리가 없다면 하다못해 경쾌한 목소리로 이야기하도록 하

자. '이야기가 재미있는 사람' 으로서의 평가를 높일 수 있을 것이다.

25. 턱을 '20도' 올리면 설득력이 커진다

미국의 국회의원은 연설을 할 때는 '원고를 읽지 말라' 는 교육을 받고 있다고 한다. 왜냐 하면 똑바로 정면을 응시하며 이야기하는 것이 '당당해 보이기' 때문이다.

그에 비해 일본의 정치인은 매사 원고를 읽으면서 연설하는 경우가 많다. 그것을 보면 나는 "이해하지 못하고 있군…" 하고 한숨을 쉬고 싶어진다. 원고를 읽기 위해서는 아무래도 시선을 떨어뜨려야 한다. 그리고 고개를 숙여 아래를 향하는 자세라는 것은 마치 어린아이가 학교 선생에게 야단맞아 풀이 죽어 있는 이미지를 주고 만다.

그런 점에서 미국의 국회의원은 원고에 눈을 떨어뜨리지 않는다. 앞을 보고 카메라 높이에 시선을 두고 말하기 때문에 보는 사람을 설복시키는 파워를 느끼게 한다.

캐나다에 있는 맥길(McGill)대학의 에라인 마이놀트 박사는 "당당하게 보이려면 턱을 20도 올리자"라고 어드바이스한다. 마이놀트 박사가 여러 각도로 턱의 방향을 조정한 사진을 몇 장 찍어서 차분히 비교 연구한 결론이다.

분명히 턱을 올리면 자연히 눈높이도 올라간다. 실험해 보기 바란다. 턱을 20도 올리면 앞을 응시한 늠름한 이미지가 된다. 다만 턱을 30도 올리면 '거만해 보여서 불쾌' 한 이미지도 준다고 하니 지나친 것은 위험하다.

여러분도 프레젠테이션이나 기획회의 등에서는 턱을 20도 올려서 당당하게 발언하기 바란다. 자료에 눈을 떨어뜨리면서 설명하면 자연히 턱이 숙여져 나약한 느낌이 들기 때문에 절대로 하지 않도록 하자.

사실 나는 협의든, 프레젠테이션이든, 회의든 '자료는 일체 불필요' 하지 않은가 하는 생각을 한다. 입으로 하는 설명이 제일 좋다. 입으로 설명하려면 아무래도 얼굴은 정면의 상대를 응시하게 되기 때문이다.

요즘은 '파워포인트' 가 보급되어 누구나 컴퓨터로 훌륭한 자료를 작성할 수 있게 되었다. 그것은 나쁜 것이 아니다. 그러나 대부분의 사람이 지나치게 그것에 의존한다는 것이다. 심지어는 파워포인트로 작성한 애니메이션이나 슬라이드를 걸어놓고 자신은 한 마디도 하지 않고 앉아있는 사람도 있다. 도대체 어떻게 할 심산일까.

협의 때 자료나 기획서를 작성해서 가져다주는 것은 좋다. 그러나 그 자료를 단조롭게 읽는 것은 심하다. 나는 곧 그만두게 한다. 시간 낭비일 수밖에 없다. 일부러 읽어주지 않아도 내게도 눈이 있다. 스스로 읽을 수 있다.

처음부터 끝까지 아래를 내려다보고(자료를 읽고 있을 뿐) 있으면 인상도 극히 희박해진다. 나는 그런 사람을 만나서 몇 시간밖에 지나지 않았는데도 얼굴조차 생각해 내지 못하는 경우가 있다.

될 수 있는 한 자료는 준비하지 말고 자신의 말로 설명하라고 권하고 싶다. 턱을 올려서 듣는 사람의 얼굴을 응시하면서 이야기하는 것이 훨씬 설득력이 있을 것이고 얼굴도 기억해 줄 것이다. 정중한 자료나 팸플릿을 준비하는 것도 좋지만 그것은 마지막에 건네주면 충분하다.

26. 상대를 심리적으로 압도하는 '시선'의 사용법

킹스 대학의 찰스 브룩스 박사의 연구에 의하면 두 사람을 대면케 하여 대화를 시켜본 경우, 상대의 눈을 보는 시간이 긴 사람이 '강한 것 같다'라는 평가를 받았다. 1분 동안에 5초를 보는 것보다 30초를 보는 것이 강한 사람이라고 생각하게 하고 50초를 보는 사람은 더욱 강한 것 같다고 생각하게 한다.

예를 들면 상담에서 항상 터무니없는 요구를 수락하고 만다는 사람은 거래 상대의 눈을 빤히 보고 교섭해야 한다. 특히 첫인상이 결정되는 최초 1분은 한순간도 눈을 떼지 말고 임하기 바란다. 거래 상대와 눈을 마주치지 않고 두리번두리번 하거나 눈이 움직이고 있으면 상대는 심약한 사람이라고 판단하고 완전히 우습게 보게 된다. 상대는 강경해지고 너절한 요구를 강행해 올지도 모른다.

당신 자신도 상대의 눈을 보지 않고 이야기하고 있으면 자연히 나약한 마음이 된다. 자신이 없어 침착하지 못하고 흠칫흠칫하고 만다. 심리적으로 위축된 상태에서 상대의 압박을 받으면 그야말로 완패다.

그렇게 되지 않기 위해서라도 상담이 시작되었으면 최초 1분은 눈을 딴 데로 돌리지 말고 상대의 눈을 응시하는 것이다. 될 수 있으면 1분이 경과한 후에도 눈을 딴 데로 돌리지 말고 대화를 진행하면 가장 좋다. 상대의 눈을 보는 시간이 길면 길수록 상대를 심리적으로 곤란한 입장에 몰아넣을 수 있으며 자신의 의견을 관철하기 쉬워지기 때문이다.

"하지만 나는 수줍음을 타기 때문에 상대의 눈을 볼 수가 없습니다"라고 말하는 사람도 있을 것이다. 그렇다면 상대의 이마를 보면 된다. 사실은 상대의 눈이 아니라 이마를 응시하고 있었다 해도 상대는 '눈이 마주치고 있다'라고 생각할 것이기 때문이다. 다만 이 테크닉은 한 가지 주의해야 할 점이 있다. 상대의 머리숱이 엷고 이마가 벗겨지기 시작했을 때에는 주의하라는 것이다. 그런 상대는 이마에 상당히 민감하기 때문이다.

또 상대의 눈을 응시하고 있으면 그것만으로도 호감을 산다는 자료도 있다. 대화중 70% 정도의 시간 동안 상대의 눈을 보면 좋은 인상을 주게 된다. 10분 이야기한다면 7분은 눈을 응시하며 이야기하고 압력을 가하지 않도록 3분은 눈을 딴 데로 돌려준다. 이 7대 3의 비율이 호감 사는 대화의 황금률이라고 한다.

다만 상대를 곤란한 입장에 몰아넣는 경우에도, 호감을 사려고 하는 경우에도 눈을 볼 때에는 웃음 띤 얼굴을 하는 것도 잊어서는 안 된다. 무표정으로 응시하게 되면 느낌이 나쁘고 상대가 의아하게 생각할 우려가 있다. 이미 말한 '항상 웃음 띤 얼굴로'라는 심리 테크닉과 아울러 활용하는 것이 중요하다.

27. '변명'과 '성의'로 받아들여지는 것의 차이

체면을 손상케 하여 상대를 화나게 하였을 때 순간적으로 "죄송합니다" 한 마디를 하지 않는 것은 좋지 않다. 사과해야 할 때는 순순히 머리를 숙인다. 이것이 인간관계를 원활하게 하는 데 있어서 기본 매너라는 것은 새삼스럽게 내가 설명할 것도 없을 것이다.

그런데 "죄송합니다" 하고 사과만 해도 남에게 호감을 사는 플러스 효과가 있다는 것을 알고 있는가. 미주리(Missouri) 대학의 캐서린 조나단 박사가 48명의 대학생에게 "한 국회의원이 뇌물을 받았다"라는 가공의 이야기를 하고 반응을 살펴보았다.

조나단 박사는 국회의원의 주장을 다음 세 가지로 분류해 보았다.

①"여러분도 선물 정도는 받겠죠" 하고 자신의 죄를 정당화한다.

②"나는 술에 취해 있었기 때문에 아무 기억도 없습니다" 하고 변명한다.

③"참으로 죄송합니다" 하고 사과한다.

각각의 주장에 대해서 어떻게 생각했는가를 물어 보자 ①의 정당화와 ②의 변명 모두 나쁜 평가가 나왔다. 유일하게 좋은 평가를 받은 것은 ③의 사과뿐이다. 우리들은 이유가 어떻든 나쁜 짓을 하였으면 사과해야 하는 것이다. 따라서 정중하게 사과해 오는 사람에게는 호감을 가질 것이다.

이 실험에서 사과를 한 국회의원은 '책임감이 있다' 라는 평가도 받았다. 뇌물을 받은 죄에 대해 관대한 처분을 받았을 뿐만 아니라 플러스 이미지로 역전시키는 것도 이룩한 것이다. 바로 '사과하는 자 이김' 이다. 병법에서 말하는 '지는 것이 이기는 것' 이라는 것은 이런 것을 가리키는 것인지도 모른다.

잘 사과하기 위한 포인트는 '어렵게 생각하지 않는 것' 이라

고 나는 생각하고 있다. '정말로 잘못한 것이 나일까?' 라든가 '모두가 자신만의 책임인가' 라는 등 쓸데없는 것을 생각하게 되면 사과할 기회를 놓치고 말기 때문이다. 별로 잘못을 했다는 생각은 들지 않아도 상대의 표정이 조금이라도 어두워지면 "죄송합니다" 하고 곧 입에 담아 사과하는 것이 좋다. 상대는 당신에게 호감을 갖게 될 것이다.

흔히 "하지만…"이라는 말이 입버릇이 되어 있는 사람이 있는데 그 말은 절대로 하지 말기 바란다. 예를 들면 약속 시간이 지나서 온 상대에게 "하지만… 길이 몹시 막혀서 그만…" 하고 변명했다고 하자. 나라면 상대를 그 자리에서 때려눕히고 싶다는 폭력적인 충동에 사로잡힌다(상해죄로 체포되고 싶지 않기 때문에 꼭 참는다).

상대가 "길이 막혀서 그만…" 하고 변명하는 것은 조금이라도 이쪽을 납득시킬 이유를 제시하여 분노를 완화하고 싶기 때문이다. 그러나 기다린 쪽에서 보면 "하지만…"이라는 말이 나오는 순간 얻어맞은 거나 다를 바 없는 심리적인 데미지를 입고 있다. "하지만…"을 듣기만 해도 뇌 안에 거부반응이 일어나, 지각보다 상대의 태도에 화가 나버리는 것이다.

또 사과하는 타이밍도 중요하다. 상대로부터 "사과하라"는 요구가 있고 나서 머리를 숙이는 것은 최악이다. 강요로 사과하는 것은 이쪽도 화가 나고 뒷맛이 개운치 않다. 자신의 정신적 건강을 위해서도 변명 같은 것을 생각하지 말고 "죄송합니다" 하고 말하는 습관을 기르면 좋을 것이다.

만약 아무래도 상대가 이해해 주기를 바라는 주장이 있다 해도 그 자리에서는 말하지 않는 것이 좋다. '나중에 말하자'는 작전을 권한다.

만약 "왜 어제 골프 모임에 오지 않았나?"라는 말을 들으면 역시 변명하지 말고 "죄송하게 됐습니다"를 연발하면서 오로지 사과를 해야 한다. 그리고 훗날 상대의 기분이 좋아졌을 때 "실은 그 날, 조부님이 위독하다는 연락이 오는 바람에…" 하고 진실을 푸념하면 된다. 그 자리에서는 변명을 하지 않는다. 이 시원시원한 태도가 상대를 감격시키는 것이다.

28. '같은 화제는 싫증낸다' 라는 거짓말

말이 서툰 사람들 중에는 '대화에서 여러 가지를 이야기하고 싶다' 는 기특한 목표를 갖고 있는 경우가 있다. 스포츠나 웃음거리에서 시사거리까지 화제가 풍부해지면 말을 잘하게 될 것이라는 착각을 하고 있는 전형적인 패턴이다.

화제가 풍부하다는 것은 이야기할 수 있는 자료가 많이 있다는 것이 아니다. 비록 이야깃거리가 하나밖에 없지만 그것을 재미있게 부풀려서 말할 수 있는 것이 화제가 풍부하다는 뜻이다. 화제를 거듭 바꾸는 것이 듣는 사람으로 하여금 싫증나지 않게 한다는 흔히 있는 예측은 완전히 빗나간 것이다.

화제의 변화가 풍부한 것이 재미있을 것이라고 착각하고 있는 것은 광고 세계도 마찬가지인 것 같다. 영화감독인 로저 스포티스우드가 주장하는 '같은 영상이 계속되면 시청자들이 싫증내기 때문에 자주 장면을 바꾸는 것이 좋다' 고 하는 이론을 CM업계에서는 오랫동안 믿고 있다. 실제로 지금도 미국에서는 해마다 텔레비전 CM에서 특정한 신을 클로즈업(크게 비춤)하는 기법을 줄이지 않는 경향이 있다.

그런데 렌슬러 폴리테크닉 공대(Rensselaer Polytechnic Institute)의 제임스 맥라한 연구원은 동료와 함께 이를 정면으로 뒤집는 자료를 발표했다. 맥라한은 641개의 텔레비전 CM

거듭되는 변화는 오히려 마이너스

CM 중 장면의 교체 빈도	5회 이하	6~8회	9~12회	13~19회	20회 이상
브랜드 선호도	110	104	110	84	81

※ 수치가 높을수록 CM에서 다루고 있는 상품에 대해 호감을 갖는 것을 나타낸다.
(출전 : MacLachlan, J., & Logan, M.)

을 모아서 기호 조사를 한 결과, 장면 변경이 적은 CM 쪽이 시청자들의 호감을 샀다. CM구성의 정석인 '스포티스우드 이론'이 큰 거짓말이라는 것을 간파한 것이었다(도표 참조).

나는 대화에서 화제의 수에 관해서도 텔레비전 CM과 똑같은 말을 할 수 있다고 생각한다. 거듭 화제를 바꾸는 것보다 한 가지 화제를 깊게 차분히 이야기하는 것이 인상에 남는 대화가 될 수 있는 것이 아닐까.

말이 서툰 사람이 '10가지 정도 화제를 꺼내면 그 중 한 가지 정도는 상대의 흥미를 끌 것이다'라고 생각하는 심정을 안다. '여러 번 쏘면 하나 맞는 작전'의 심정일 것이다. 한 가지 이야기를 계속하는 것이 불안한 것이다. '같은 화제뿐이라면 싫증 내는 것은 아닐까' 하고 걱정하는 것도 잘 안다. 하지만 이 자료에 입각하면 화제를 이것저것 바꾸면 오히려 듣는 사람에게 명한 인상밖에 줄 수 없고 호감을 주지 못할 것이다.

데이트 스케줄도 같은 말을 할 수 있다.

영화 보고 쇼핑 하고 수상 버스(유람선)를 탄 후에 야경이 아름다운 레스토랑에서 저녁을 먹는다는 식으로, 이것도 저것도 하루 데이트 코스에 밀어 넣으려고 하는 것은 인기 없는 남자가 생각하는 것이다. 이래서는 단지 이동이 많을 뿐이며 상대 여성을 피곤하게 할 뿐이다. 그렇게 번거로운 데이트보다, 예를 들면 하루 종일 수족관에서 오로지 물고기의 얼굴을 보고 있는 것이 오히려 추억에 남는 데이트가 될 것이다.

대화도 자신 있는 화제를 한 가지 가지고 있으면 그것으로 충분한 것이다. 만약 자신의 실패담이 어느 정도 인기를 노릴 수 있는 자신이 있다면 누구를 만나도 그 실패담을 이야기하도록 유념하면 좋을 것이다. 몇 번이고 이야기하는 과정에서 실패담의 이야기 방법을 숙달해 상대가 누구라도 그것만은 확실히 웃음을 자아낼 수 있게 된다. 이것저것 화제를 꺼내면서 상대의 기색을 엿보는 것보다 훨씬 효율적이며 숙달된 대화를 자처할 수 있을 것이다.

실력 있는 만담가는 같은 자료를 몇 번 반복해도 매번 손님을 웃게 할 수 있다. 그것은 매일 같은 자료를 몇 백 번, 몇 천 번 연습하는 덕택이다.

29. 칭찬했는데 원망을 사는 이유

편애하는 선생은 반드시 학생으로부터 원망을 산다. 그런 선생은 반 전체 학생들 앞에서 노골적으로 성적 우수한 학생만을 칭찬하기 때문에 잘못이다. 그런 짓을 하면 칭찬 받지 못한 학생이 '저 놈만 칭찬해 주고…' 하고 기분이 불쾌해지는 것은 당연하다.

이것을 심리학에서는 '암묵의 벌'이라고 하는데 특정한 한 사람만을 칭찬하는 것은 다른 많은 사람들에게 간접적으로 벌을 주는 것이 된다는 것이다.

물론 칭찬 받은 학생만은 "와, 선생한테 칭찬 받았다!" 하고 기뻐한다. 그러나 동시에 칭찬 받지 못한 다른 많은 학생들은 체벌을 받은 것과 다를 바 없는 심리적 피해를 느끼게 된다. "저 놈, 잘난 체하고" 하고 복수를 맹세하는 학생이 있어도 이상할 것 없다(특히 최근에는 불끈하는 아이가 많다). 많은 사람들 앞에서 편애하는 것은 상당히 위험한 행위다.

네덜란드에 있는 레이덴 대학의 루스 펑크 박사는 다수의 인물 중에서 특정한 한 사람만 칭찬한 인물은 칭찬 받지 못한 사람들로부터 '저 놈은 비굴하고 밉상스러운 놈이야' 라는 마이너스 평가를 받는다는 것을 밝혀냈다.

만약 첫 대면의 사람이 많이 모이는 이업종 교류회에 참가하여 "○○물산의 사이토 부장은 정말 훌륭하다" 하고 특정한 누군가만을 칭찬해버리면 비록 악의는 없어도 다른 회사 사람들은 좋은 표정을 짓지 않는다. 당신이 특정한 인물하고만 친밀하면 된다고 단정한다면 그럴 수도 있을 것이다. 그러나 인맥을 넓히고 싶은 경우에는 주의가 필요하다.

조심해야 할 것은 칭찬하는 경우뿐 아니라 꾸짖는 경우도 마찬가지다.

직장의 많은 동료들이 보는 앞에서 부하를 호되게 꾸짖는 것은 생각이 모자라는 상사다. 부하는 꾸지람 듣는 불쾌감뿐만 아니라 동료들 앞에서 서슴지 않고 창피 당한다는 굴욕감도 맛보게 되기 때문이다.

일부러 한 부하만을 '희생양'으로 꾸짖어 다른 부하들을 분발시키겠다는 심리 테크닉도 있다는 것은 알지만(이것을 스케이프고트 법칙이라 한다) 실제 효과는 희박한데다가 원한을 살 우려도 있으니 나는 별로 권하지 않는다. 일 못하는 부하를 꾸짖을 거라면 별실로 불러서 남의 눈에 띄지 않는 자리에서 살며시 꾸짖어야 부하는 순순히 반성할 것이다. 칭찬하는 것도 꾸짖는 것도 '두 사람만 있을 때'가 철칙이다.

'그러면 여러 사람이 있을 때는 상대를 칭찬하면 안 된다는 것인가?'

이런 식으로 생각하는 사람이 있을지도 모른다. 그에 대한 나의 대답은 이렇다.

"그렇지 않습니다. '전원'을 칭찬하면 됩니다."

예를 들면 상담 상대가 두 명 혹은 3명 있으면 그 '전원'을 빠뜨리지 말고 칭찬하면 한 사람만을 칭찬하고 나머지 두 사람에게 '암묵의 벌'을 주지 않아도 된다. 누구 한 사람만을 칭찬하기 때문에 트러블이 생기는 것이다. 그 자리에 있는 전원을 칭찬하면 아무도 '암묵의 벌'은 느끼지 않을 것이며 모든 사람들이 기뻐한다.

거래처뿐만 아니라 동석하고 있는 동료나 상사에 대해서도 남김없이 극구 칭찬해 주자. 자리의 분위기도 좋아지고 온화하게 상담을 진행할 수 있을 것이다. 다만 10명, 20명 등 많은 동석자가 있는 경우에는 전원을 칭찬하는 것은 역시 어렵다. 그렇게 하면 중요한 상담이 진행되지 못한다.

그런 경우는 쓸데없는 겉치레는 입 밖에 내지 않는 것이 무난하다. 꼭 가까이하고 싶은 상대가 있으면 상담이 끝난 후에 "ㅇㅇ부장의 솜씨에는 정말 매우 감탄했습니다" 하고 주위 사람이 알아채지 못하도록 재빨리 귀엣말을 하는 정도로 그쳐두자.

30. '귀' 보다 '눈'으로 얻은 정보를 신용한다

인간에게는 귀를 통해 들은 것보다 눈으로 본 것을 신용한다는 성질이 있다. 이 경향은 대체로 나이 9세가 분기점이 된다. 9세 전까지는 '귀를 통해 들은 것'을 신용하는데 그 후에는 대체로 '눈으로 본 것'을 진실이라고 믿는다.

따라서 진짜 대화를 잘하는 사람은 그 내용보다 오히려 눈에 보이는 것 즉 '행위'나 '몸짓'으로 말하는 보디랭귀지를 특기로 한다.

애리조나 주립대학의 에드워드 사다라 박사는 "큰 몸짓을 하는 겁니다. 그러면 강해 보여서 상대의 마음도 움직이니까요" 하고 제언한다. 근거도 아무것도 없는 이야기임에도 불구하고 왠지 모르게 그 이야기에 설득 당해버리는 경우가 있는 것은 상대의 몸짓이 커서 강해 보이기 때문이다. 만약 '강하게 보이는 자신'을 연출하고 싶으면 크게 손을 움직여서 강한 것처럼 위장하자.

강한 듯한 행위의 비결은 될 수 있는 한 넓은 자세에 있다. 등을 쭉 펴고 어깨를 벌려 팔은 팔꿈치가 배 측면에 달라붙듯이 느긋하게 벌리는 것이 바람직하다. 만약 테이블을 사이에 두고 상대와 대면해서 이야기하는 경우는 자신의 눈앞에 큰 통나무가 있다 가정하고 그것을 껴안는다는 생각으로 앉으면 팔이 벌려져 강한 것처럼 보인다. 카운슬러나 종교가 등은 상대를 껴안는 듯한 이런 몸짓을 잘한다.

이것은 '수용'이라고 하는 몸짓이다. 수용의 자세는 품의 넓음을 느끼게 할 수 있기 때문에 상대로부터 신뢰를 얻고 싶은 경우에 효과가 있다. 신참 심리 카운슬러는 베테랑 카운슬러로부터 "좀 더 팔을 벌려라" 하고 지도 받는 경우가 많은 것은 상담자의 신뢰를 얻어서 모든 것을 이야기하게 하기 위함이다.

몸짓을 컨트롤하면 타인에게 '이렇게 해 주었으면 좋겠다, 이렇게 보여주고 싶다' 라는 의사를 입으로 말하는 것보다 더 설득력을 가지고 전달할 수 있는 것이다. 맞장구를 치려면 작게 치는 것이 아니라 "응, 응, 그래 맞는 말이다!" 하고 크게 고개를 흔들면 상대에게 찬성한다는 마음이 보다 잘 전달된다. 만약 상대의 의견에 불만이 있다면 고개를 크게 좌우로 흔드는 것이다.

상대에게 몸짓으로 어필하고 싶으면 약간 과장해서 하는 것이 요령이다.

인사도 그렇다. 내가 보건대 대부분의 비즈니스맨은 인사가 가볍다고 말하지 않을 수 없다. "선생, 오늘은 참으로 감사했습니다" 하고 정중한 사례의 말을 들어도 '머리를 꾸뻑' 하는 가벼운 인사 정도로 그친다면 별로 감사하는 것 같은 느낌이 들지 않는다. 하지만 머리가 무릎에 닿을 정도로 머리를 숙여서 인사를 하면 역시 기분이 좋은 것이다.

비록 뱃속에서는 전혀 감사 따윈 하지 않아도 머리를 깊숙이 숙여서 손해 될 것은 없다. 영국인 지인(知人)에 의하면 주유소 점원이 손님을 전송할 때 차가 보이지 않게 될 때까지 인사하는 자세는 일본의 독특한 광경이라고 한다. 그 친구는 "마치 내가 인도의 임금이라도 된 기분이었다. 그 정도라면 비싼 기름 값도 아깝지 않아" 하고 상당히 감격하며 말했다. 비록 매뉴얼이 된 인사라 할지라도 머리를 깊숙이 숙이는 중요성을 아는 좋은 예다.

31. 마음이 통하는 사람을 단 번에 분간하는 요령

사회인 생활이 길어지면 길어질수록 매일 많은 사람과의 만남이 있다. 그 때문에 명함 지갑은 해마다 두터워진다. 그런데 현실적으로는 그 많은 사람들과 교류를 깊게 하는 것은 물리적으로 불가능하다. 지금까지 만난 사람 전원과 사이좋게 지내려고 한다면 1년 365일 매일 누군가를 만나도 365명밖에 인맥은 늘리지 못한다.

그렇다면 어떻게든 교제하는 사람을 고를 수밖에 없다. 자신의 수고를 덜기 위해서도, 한 사람 한 사람을 소중히 하기 위해서도, 이것은 매우 중요한 것이다. 나 같은 사람은 좋고 싫은 것이 분명하기 때문에 내가 교제하는 사람은 적다. 그러나 그렇기 때문에 선별된 사람과는 깊은 교제를 할 수 있다.

여기서는 교제하는 사람을 선별하는 법에 대해서 설명하겠다. 명함을 교환하는 순간에, 그것도 최초 1분에 당신이 교제하기 쉬운 사람을 분별하는 요령을 소개하겠다. 그렇게 생각할 수 있는 사람하고만 친밀해지면 된다. 그렇지 않은 사람은 잘라 버리는 것이 교제 시간을 낭비하지 않는 것이다. 비정하다고 생각할지 모르지만 시험 삼아 얼마동안 교제해 보면 마음이 맞지 않은 상대와는 어차피 인연이 멀어지기 때문에 걱정할 필요가 없다.

그렇다면 그 확인은 어떻게 하면 되겠는가.

확인하기 위한 판단기준은 자신과 어느 정도 닮았는가를 보는 것이다. '우리들은 자신과 닮은 사람일수록 친한 친구 관계를 만들 수 있다'는 사실을 발견한 사람은 올드 도미니언 대학의 토마스 캐시 박사다.

캐시 박사는 남녀 24명에게 "당신 사진과 당신의 제일 친한 친구의 사진을 가지고 오라"고 부탁했다. 그리고 모은 친구 한 쌍의 사진들을 다른 사람에게 어느 정도 닮았는가를 판단하게 했다. 그런데 친구 한 쌍의 사진들 중 55.2%는 외모가 많이 닮은 사람끼리였다. 두 쌍 중 한 쌍의 친구들은 아주 꼭 닮았다는 계산이 된다.

흔히 사이가 좋은 상대를 "파장이 맞는다"라고 표현한다. 다시 말해서 '외모의 유사성이 높다'와 같은 의의다.

우리들은 외모가 닮은 사람일수록 사이좋게 되기 쉽다. 발상을 역전시키면 외모가 닮지 않은 사람과는 사이좋게 되기 어렵다는 것이기도 하다. 실제 나와 친하게 지내는 편집자는 모두 나와 똑같은 풍모를 하고 있다.

학생시절을 생각해 보더라도 안경을 낀 우등생 타입과 머리를 금발로 염색한 불량소년은 대체로 사이좋아지는 일은 없다. 외모를 보기만 해도 쌍방의 의견이나 생각이 서로 맞지 않는다는 것을 빤히 알기 때문이다. 바로 '유유상종'으로 안경을 낀 사람의 친구는 안경을, 금발로 염색한 사람의 친구는 금발이었던 느낌이 든다. '미녀와 야수'와 같은 만남은 현실에는 매우 드문 일이다.

외모가 닮으면 사이좋게 될 수 있는 이유는 '교제하기 쉽기 때문에'라는 한 마디밖에 없을 것이다. 우리들은 자신과 다른 타입의 사람과 교제하는데 많든 적든 마음을 쓰기 마련이다. 어떻게든 공통 화제를 찾으려 하거나 상대의 기호를 이해하는 체하는 등. 아무튼 대화를 하기만 해도 갑자기 피로해진다.

외모가 닮은 사람과는 긴장하지 않고 교제할 수 있다. 상대에게 맞추어 자신을 꾸미지 않아도 되니 스트레스를 느끼는 일도 없다.

외모뿐 아니라 내면도 닮은 것이 바람직하다. 같은 취미가 있다거나 출신지가 같다거나 내면에 공통사항이 있으면 그것만으로도 서로 이해할 수 있기 때문이다. 그런데 이 책은 최초 1분에 효과를 내는 테크닉에 초점을 두고 있다. 최초 1분에 상대의 취미나 출신지등 개인적 정보를 이것저것 물어서 내면의 공통사항을 찾아낼 때까지 말하는 것은 불가능하다.

하지만 외모라면 1분만 있으면 머리끝에서 발끝까지 차분히 관찰하는 것은 어렵지 않다. 만난 순간에 '눈매가 나와 닮았구나' 라든가 '나와 비슷하게 키가 크다' 는 등 외모로 친근감을 느끼는 상대는 특별히 소중히 하라. 비즈니스 관계든 친구 관계든 당신의 버팀목이 될 수 있는 인물이기 때문이다.

32. '알기 쉬운 이야기' 의 뜻밖의 법칙

유머 센스를 연마하는 것은 대화 스킬을 높이는 데 대단히 도움이 된다. 위트가 있는 대화를 할 수 있는 사람은 상대에게 따분함을 느끼게 하지 않기 때문이다. '이 사람의 이야기는 재미있어서 전혀 싫증이 나지 않는다' 라고 느끼게 하도록 노력하자. 최초 1분에 상대가 세 번이나 웃어준다면 그 사람은 당신에게 마음을 허락해 주었다는 것이다.

스피치를 잘하는 구성법에 대한 미국 책을 읽으면 '2~3분 걸러 재미있는 것을 말하라' 고 나와 있다. 요컨대 많이 웃기지 않는다는 것이다. 미국 정치인이 스피치 하는 모습을 보면 잘 알 수 있다. 가벼운 조크로 장난기를 어필하거나 블랙 유머를 섞은 비판 발언을 하는 장면을 늘 볼 수 있다. 그들은 재미있는 이야기를 섞음으로서 청중의 집중이 끊어지지 않도록 하고 있는 것이다.

유머를 섞어서 이야기하면 그 밖에도 유용한 것이 있다.

알레스타 대학의 겔리 아담슨 박사에 의하면 '유머 있는 사람의 이야기는 알기 쉽고 재미있다'고 한다. 아담슨 박사의 조사에 의하면 "그 선생은 가르치는 법이 훌륭하다"라는 평판이 높은 학교 선생은 동시에 "저 선생의 수업은 재미있다"라는 평판도 높았다. 재미있게 이야기할 수 있는 선생일수록 가르치는 법이 훌륭하다. 재미있는 이야기가 섞인 가르침을 받으면 어려운 수업 내용이라도 학생은 이해하기 쉽게 될 것이다.

그렇지 않아도 난해한 이야기를 전문용어로 더욱 까다롭게 설명하는 저널리스트를 텔레비전에서 가끔 본다. 본인은 지식이 풍부하다는 것을 어필하고 싶은지 모르지만 보고 있는 사람들은 질린다. 이야기가 따분한데다가 그 의미를 전혀 알 수 없기 때문이다.

본래 내용을 숙지한 전문가라면 유머를 섞어서 알기 쉽게 설명해야 하지 않은가. 그렇지 못하면 혼자 묵묵히 연구실에 틀어박혀 있으면 될 것이고, 남에게 해설하는 역할은 성격이 상쾌한 제자에게라도 맡기면 된다.

'내 이야기는 아무래도 분위기를 깨는 경향이 있다' 라는 자각이 있는 사람은 아마도 유머가 부족한 사람일 것이다. 좀 더 재미있게 이야기할 수 없는지 궁리하자. 유머를 포함시키면 대화가 활기를 띠게 된다. 아무리 어려운 이야기라도 유머 하나 있으면 이해하기 쉬워진다.

　나의 고교시절의 화학 선생은 "S극과 N극의 자장에 있어서는…"라는 딱딱한 이야기를 할 때도 "남자와 여자라는 것은…" 하고 남녀의 관계에 비교하여 유머를 듬뿍 담아 가르쳐 주었다. 나는 그 선생으로부터 화학이 아니라 화술의 요령에 대해 가르침을 받은 것 같다.

　진지한 상담 중에도 가끔 재미있는 이야기를 삽입해 보자. "나의 이야기는 말하자면 급행 전차에 탔을 때 배가 갑자기 아파서 화장실 가는 것을 참고 있을 때의 대처법과 같은 것이죠" 하고 밝게 이야기한다면 상대도 크게 웃어 줄 것이다.

[제3부]

사전 준비로 타인보다 한 걸음 앞서라

철저히 가르친다

'외면'을 만든다

말을 꺼낸다

성공률을 높인다

'만나기 전'의 준비로 본론에 들어가서 유리한 선택을 할 수 있다. 심리학 자료에 기초한 효과적인 가르침의 테크닉을 소개한다

33. '만나기 전'에 메일로 강한 인상을 심어라

상대의 마음은 만나서 최초 1분에 사로잡는 것이다. 다만 만나기 전의 준비에 걸리는 시간은 1분은커녕 몇 시간 혹은 며칠이나 걸린다는 것을 간과해서는 안 된다. 최초 1분에 마음을 사로잡는 것이 아니라 '만나기 전부터' 상대의 마음을 사로잡을 수 있을지 어떨지 생각해 보자.

마라톤에서도 본 시합에서 무조건 뛰면 되는 것이 아니다. 현지의 기온이나 코스의 업다운 등을 연구해 두는 것은 본 시합에서 최선의 힘을 내기 위해 불가피한 준비 작업이다. 오히려 사전 작업에 '승부가 달려 있는' 경우도 적지 않다.

이제 첫 대면의 사람을 만나기 전에 어떤 준비를 해 두면 좋은가에 대한 훈련 테크닉을 소개해 보자. 더욱 효율적으로 우위에 서서 최초 1분에 좋은 인상을 주기 위한 도구로 사용하기 바란다.

그런데 어떤 상담이나 협의도 사전에 '약속'을 하는 것이 필수적이다. 사전에 전화나 메일로 일시나 장소, 대체적인 용건을 전달하고 상대로부터 "그러면 만납시다" 하고 승낙을 얻어 두는 것은 기본이다. 특히 최근에는 메일로 약속하는 것이 주류가 되어 있다. 기획서나 자료 등의 자료를 첨부하여 보내기 때문에 전화로 이것저것 설명하기보다 편리하고 틀림이 없기 때문이다.

비즈니스의 자리에서는 실제로 직접 만나기보다 먼저 메일이 최초의 접점이 되는 경우가 많다. 따라서 약속하는 단계의 메일로 이미 어느 정도까지 승부는 정해져 있다고도 말할 수 있다. 만나기 전부터 자신의 매력을 PR해 두면 실제로 만나서 허둥지둥 매력을 발휘하려고 하지 않아도 된다.

느낌이 좋은 메일을 쓰는 것은 요령만 알면 느낌이 좋은 대화를 하는 것보다 훨씬 용이하다. 이유는 두 가지다.

하나는 메일이라면 송신 버튼을 누르기 전에 몇 번이고 몇 십 번이고 가장 적당한 표현을 쓰기 위해 생각하여 손질할 수 있다는 것이다. 입으로 하는 말은 한 번 말해 버리면 고칠 수 없지만 메일이라면 추고를 할 수 있다. 대화에서의 첫인상은 최초 1분에 결정 나지만 메일이라면 몇 시간이 걸리든 상대가 보고 있는 것이 아니다. 최종적인 내용의 됨됨이가 좋으면 '이 사람은 우수한 사람일 것이다' 하고 상대가 생각할 것이다.

두 번째 이유는 메일이 감정을 오픈하기 쉽다는 것이다. 입으로는 말할 수 없는 것도 왠지 메일로 쓰는 것은 아무렇지 않다는 사람이 매우 많다. 인도에 있는 다우하르지 대학의 제프리 한콕 박사는 '메일은 감정을 과장해서 전달하는 툴이다' 라고 기술하고 있다.

예를 들면 네트를 통한 연애가 곧 과열되기 쉬운 것은 '사랑한다' 또는 '좋아한다' 라는 감정 표현을 편히 쓰기 쉽고 나아가서는 감정이 증폭되어 전달되기 때문이다. '좋아합니다' 라는 한 구절도 상대에게는 '세계에서 가장 좋아한다' 정도까지 과장해서 전달되는 것이다.

메일이 불러일으키는 감정의 증폭 작용은 잘 사용하면 상대의 마음을 사로잡는다. 안성맞춤의 수단이 될 것이다.

나에게도 매일 많은 비즈니스 메일이 날아온다. 대개의 메일은 틀에 박힌 형식으로 아무 재미도 없다. 대충 읽으면 끝이다. 그러나 거기에 '선생의 대 팬입니다. 몇 년이라도 기다릴 테니 부디 집필해 주십시오' 라는 기쁜 한 마디가 쓰여 있는 메일을 보면 스케줄이 다소 빠듯해도 써볼까 하는 기분이 든다.

모처럼 메일을 보낼 거라면 비즈니스 편지 사례집 같은 데서 인용해 온 것 같은, 틀에 박힌 형태의 내용은 지양해야 할 것이다. 사무적인 비즈니스 메일일수록 별로 흥미가 없고 인상에 남지 않는다.

인상에 남는 비즈니스 메일을 쓰는 핵심은 '약간의 장난기'

에 있다. 상담 약속을 하는 메일이라면 '귀사와 교섭할 수 있기를 폐사 일동이 월드컵 출장이 결정된 대표선수와 같이 기뻐하고 있습니다' 라는, 유머와 재치 있는 한 구절을 함께 담아서 보내는 것이다.

메일에서 약간의 기민함을 발휘하면 얼굴을 마주 대하기 전부터 두 회사의 분위기는 원만해진다. 승부는 최초 1분이 아니라 만나기 전에 정해버리는 것이 최선이다.

34. 큰돈을 내도 살 수 없는 '신용'을 한순간에 얻는 방법

거물 실업가나 연예인이 소득을 숨긴 사실들이 종종 매스컴을 통해 보도된다. 그에 대한 해명 회견에서 "모두 비서가 독단으로 한 일입니다"라든가 "세무사에게 전부 맡기고 있기 때문에" 하고 책임 회피하는 사람이 많으니 참으로 어이없을 뿐이다. 그런 변명으로 국민을 납득시킬 수 있다고 생각하는 것일까. 깔보는 처사다. 결국은 '남의 탓으로 돌리다니 비겁한 놈'이라고 여겨질 뿐인데. 스스로 마이너스 이미지를 주고 어떻게 하겠다는 것인가.

"비서와 세무사에게 모든 것을 맡기고 있다. 하지만 이번의 모든 책임은 내게 있다. 전부 내가 잘못했습니다. 정말 죄송합니다" 하고 말하는 것이 훌륭하지 않은가. 비록 실제로 그렇게 만든 것이 부하든 세무사든 책임은 전부 자기 혼자 진다. 오히려 타인의 미스까지 자신의 미스로 한다. 그렇게 하는 것이 섣불리 변명하여 발뺌하기보다 보는 사람들의 기분을 좋게 만든다.

"자신의 행동에 책임을 지는 사람은 타인으로부터 존경받고 지적이며 일을 잘할 것 같다는 호의적인 평가를 받는다"라고 콜로라도 대학의 겔리 스타 박사는 충고한다. 자신이 죄를 뒤집어쓰면 평가가 부쩍 올라가는 것이다.

대부분의 사람들은 책임지는 것을 손해라고 믿고 있다. "제가 잘못했습니다" 하고 인정해 버리면 출세가 늦어질지도 모르고, 급여가 떨어질지도 모른다, 무능한 놈이라고 여겨질지도 모른다는 불안에 사로잡히기 때문일 것이다.

그러나 실제는 전적으로 그 반대다. 책임을 지는 것은 손해가 되기는커녕 오히려 이점이 큰 것이다. 나 같은 사람은 "자청해서 타인의 미스에 대한 책임을 져라" 하고 충고하고 싶다. 깨끗이 책임을 한 손에 떠맡으면 타인으로부터의 평가는 확실히 올라간다. 존경받고, 지적이고, 일 잘하는 최고의 비즈니스맨이라 생각하게 될 것이다.

당신 부하의 실수로 거래처를 화나게 했다고 하자. 이런 상황이야말로 자신의 주가를 높이는 절호의 찬스다. 일단 부하를 나무라고 싶지만 마음속으로는 박수갈채를 쳐도 좋다, '이것은 찬스다!' 라고.

화가 나 있는 거래처로 즉시 달려가서 "모든 책임은 제게 있습니다. 부하에게는 아무 책임도 없습니다. 때리고 싶으시면 저를 때려주십시오" 하고 사과한다. 필요하다면 엎드려 조아리자. 아니 목을 베어가라고 어필해도 상관없다. 그 모습은 누가 보더라도 훌륭한 모습이다.

이 정도의 남자 기질을 보이면 아무리 화나 있는 상대도 대개는 용서해 준다. 뿐만 아니라 부하도 생각할 것이다, '이렇게 믿음직스러운 상사였는가' 하고. 당신을 보는 부하의 눈까지 변해버린다.

그리고 비호를 받은 부하는 당신에게 일생의 충성을 맹세할 것이다. '이 은혜를 언젠가는 꼭 갚아야지' 하고 당신을 위해 앞뒤 생각 없이 일해 준다. 당신은 부하로부터의 절대적인 신용을 얻는다. 물론 책임을 혼자 뒤집어쓰는 것이기 때문에 감봉도 있을 것이고 강등도 있을 것이다. 그러나 비록 3개월의 감봉과는 비교할 수 없을 정도의 큰 가치가 있다.

타인의 신용을 얻는 것은 간단한 일이 아니다. "100만 엔 줄테니까 나를 신용해 줘" 하고 부탁해도 아무도 신용해 주지 않는다. 그것보다 "모든 책임은 제게 있습니다"라는 한 마디로 신용을 얻는 것이 별 비용도 들지 않고 확실한 것이다.

누군가의 실패를 보면 탐욕으로 뛰어들어 억지로라도 책임을 지도록 하자. 당신과 관계없다는 것은 누가 보더라도 분명하겠지만 신경 쓰지 않는다. '책임을 진다'는 것은 타인으로부터 신용을 얻는 더 없는 찬스인 것이다.

35. 무의식중에 '승낙을 얻기 쉽게' 하는 무기

'이 사람 아주 좋은 냄새가 나는군….' 사람을 만날 때 살짝 바람을 타고 풍겨 오는 향은 매우 기분이 좋다. 향도 자신의 단정한 몸가짐의 일부라 생각하면 불쾌한 냄새를 풍기는 것보다 기분 좋은 향을 풍기는 것이 훨씬 좋다는 것을 알 수 있을 것이다.

프랑스의 브르타뉴 대학의 니콜라스 궤켄(Gueguen) 박사는 "좋은 향을 풍기고 있으면 친절히 대해 줍니다"라고 말한다. 향은 무의식중에 상대의 마음을 부드럽게 해 주는 무기로 사용할 수 있다. 궤켄박사는 향수를 사용하는 여성, 사용하지 않는 여성이 각각 길가에 손수건이나 장갑을 떨어뜨린 경우, 스쳐 지나가는 행인이 10초 이내에 주어줄지 어떨지 관찰한 적이 있다.

그러자 향수를 사용한 여성에게 "손수건을 떨어뜨렸습니다" 또는 "이거 당신의 장갑이죠?" 하고 친절히 말을 걸어주는 확률이 높았다. 지나쳐 갈 때 살짝 느끼게 하는 기분 좋은 향이 상

좋은 향을 풍기는 사람은 타인의 친절을 받을 수 있다

실험적으로 떨어뜨린 것

	손수건	장갑
향수를 뿌리고 있다	20.0%	95.0%
향수를 뿌리지 않았다	7.5%	70.0%

※ 향수를 뿌리고 있는 여성과 뿌리지 않은 여성이 떨어뜨린 물건을 10초 이내에 주워 줄지 어떤지 관찰하였다.

(출전 : Gueguen, N.)

대로부터 친절을 이끌어내는 작용을 하는 것이다(도표 참조).

이 자료를 보면 여성은 적극적으로 향수를 사용해야 할 것이다. 딱딱하게 긴장해서 남자 못지않은 일을 하지 않아도 틀림없이 주위의 많은 사람들이 자청해서 도와줄 것이다. 일부러 향수를 뿌리지 않아도 꽃가게 앞 같은 좋은 향이 나는 장소에서 만나는 것도 한 방법일 것이다.

그러나 몇 미터 앞에서 냄새가 풍기는 강렬한 향은 좋지 않다. 향은 '살짝' 느끼게 하는 것이 좋고 너무 강하게 풍기는 향은 좋지 않다. 생리심리학자인 헤니욘 박사도 "향은 은은한 향일수록 좋다"라고 충고한다. 향수는 알아차리지 못할 정도로 뿌려두는 것이 포인트다.

　다만 개인적인 의견을 말하면 남성이 지나치게 향수를 사용하는 것은 좀 심하다고 생각한다. 궤켄박사의 실험에서 물건을 떨어뜨리는 것은 여성이며 남성이 아니다. 남성이 똑같이 물건을 떨어뜨려도 상대가 친절하게 주어 줄지 어떨지는 보증할 수 없다. 물론 불쾌한 냄새를 풍기는 것보다는 라벤더나 레몬 향을 풍기고 있는 것이 훨씬 낫다고 생각하는데….

36. 핸디캡이 되는 '선입관'의 비밀

　아무튼 소문에는 있는 것 없는 것들이 실제 이상으로 과장된다.

　"나이토 요시히토(저자)는 한 여성의 어깨에 있던 송충이를 잡아 주었다"라는 친절한 것조차 "나이토 요시히토란 사람은 여자아이를 만지는 것이 빠른 모양이야" "나이토 요시히토란 사람은 닥치는 대로 여자아이의 어깨를 껴안는다는군" 등등의 잘못된 이야기로 퍼져나갈 가능성을 배제할 수 없다(이것은 어디까지나 가공의 비유이다).

　일에서는 어떤 소문이 날지 모르는 일이기 때문에 평소부터 소문이 나지 않도록 세심한 주의가 필요하다. 모처럼 친절하게 대해 왔는데 "편애하는 선배"라느니 "성 희롱하는 남자"라느니

근거도 없는 소문이 난무한다면 견딜 수 없다.

원래 남에게서 전해들은 이야기라는 것은 사람들이 개입할 때마다 점점 극단화해 가는 성질이 있다. 코넬 대학의 토마스 길로비치 박사가 바로 그 현상을 확인하는 실험을 해 소개하고자 한다. 길로비치 박사는 비디오 하나를 제작하여 56명의 대학생에게 보여주었다. 그 비디오는 '한 남성이 동생이 기르고 있던 열대어를 죽였다'는 스토리였다.

비디오를 다 본 대학생들은 그 내용을 다른 사람에게 전해야 했다. 자기 나름으로 비디오의 내용을 이해한 것을 아직 비디오를 보지 않은 사람에게 설명한 것이다. 그리고 비디오를 직접 본 사람과 또 그 내용을 들어서 안 사람 양쪽에게 길로비치 박사는 열대어를 죽인 남성에 대한 인상을 물어 보았다.

그러자 비디오를 직접 본 사람에 비해 전해들은 그룹이 극단적인 의견을 갖게 된 것이다. 실은 비디오 안에는 '그 남자는 일부러 열대어를 죽인 것은 아니다'는 것도 설명되어 있었다. 비디오는 본 사람들이 타인에게 그 내용을 이야기할 때 그런 내용은 전부 없애고 단지 '열대어를 죽였다'는 것만 말했다.

요컨대 전해들은 이야기에는 사정이 좋지 않은 내용 같은 것은 전부 없어져 버리는 '생략화'와 일면만을 크게 문제 삼는 '극단화'의 경향이 있는 것이다. 이것이 소문이 실제 이상으로 과장되는 심리적 메커니즘이다.

만약 당신이 뭔가 실수를 범해서 나쁜 소문이 난다면 같은 결과가 일어난다. 당신이 아무리 첫인상을 좋게 하려고 해도 상대가 어디서 당신의 나쁜 소문을 듣고 있다면 마음을 열게 하는 것은 지극히 어려운 일이다.

그렇지 않아도 첫인상을 좋게 하기 위한 어필 시간은 불과 1분이다. 그 귀중하고 짧은 시간에 자신의 매력을 어필하여야 하는데 상대가 나쁜 선입관을 가지고 나온다면 우선은 그것부터 만회해야 한다. 이는 핸디캡을 안고 시합에 임하는 것과 같이 불리하다.

"저 놈은 화를 잘 낸다" "저 놈은 걸핏하면 때린다" "저놈은 완고해서 자기 위주다"라는 등의 소문이 같은 업계 내에 퍼지지 않도록 평소부터 청렴결백하게 살자. 만약 누군가에게 무례한 태도를 취했다면 재빨리 사과하고 술이라도 한 잔 사주는 것이 좋을 것이다. 원한을 산 채로 내버려두면 나쁜 소문을 흘리기 때문이다. '화재는 작은 불일 때 꺼라'가 철칙이다.

좋은 소문이라면 잇따라 흘리게 하는 것이 좋다. "저 사람은 길에서 쓰러져 있는 할머니를 업고 병원까지 간 모양이야"라는 등 자신의 주가를 올릴만한 소문을 의도적으로 흘려 보는 것이다. 그러면 누구나 좋은 인상을 갖게 될 것이다.

다만 유감스럽게도 좋은 소문이라는 것은 별로 퍼져가지 않는다. 나쁜 소문은 순식간에 전해지는데 좋은 소문은 좀처럼 퍼져가지 않는 것이 세상사다. 그렇다면 차라리 자신에게 충실한 부하나 친한 동료에게 "나의 좋은 소문을 흘려주게" 하고 은밀히 부탁하는 것도 한 방법이다.

37. '부정' 하면 오히려 진실로 받아들여진다

나쁜 소문은 정말로 무섭다. 소문에 의해 좌천당하는 사람이 있는가 하면 입 소문으로 망한 회사나 은행도 있을 정도다. 평소부터 나쁜 소문이 나돌지 않도록 의식하는 것이 좋다. 그러나 자신의 노력과는 관계없이 흘러가는 것도 또한 소문이다. 자신이 아무리 조심해도, 그래도 나도는 것이 나쁜 소문이다.

아마도 독자 여러분은 악덕업자나 뇌물을 받는 정치인과 달라서 선량한 사람들뿐일 것이다. "아무리 나를 털어 봐야 먼지 같은 건 없다" 하고 가슴을 펴고 말할 수 있는 사람들뿐일 것이다. 그래도 안심할 수 없는 것이 소문이다.

예를 들면 회사의 취업 규칙에도 있기 때문에 매일 정시에 퇴근하는데, 누군가 "저 놈은 부인이 무서우니까 빨리 집에 돌아가는 거야"라는 말을 퍼뜨린다. 그런 일이 전혀 없음에도 불구하고 소문이라는 것은 나돌게 된다. 자신은 그런 의도 따윈 전혀 없는데 찬장 위에 먼지가 쌓여 가는 것과 비슷한 것인지도 모른다.

그러면 만약 나쁜 소문이 퍼지면 어떻게 하겠는가. "나는 성희롱 따위 하지 않습니다!"라든가 "나는 회사 돈으로 마시고 먹는 일 따위 하지 않습니다!" 하고 불을 끄기 위해 분발해야 할 것인가. 아니, 그것은 최악의 대처법이다. 그런 짓을 하면 오히려 소문이 퍼지는 속도는 빨라진다. 열심히 부정하려고 하면 할수록 '저렇게 정색해서 부정하는 것을 보니 진짜인가 보다' 하고 생각할 수도 있다.

일리노이 대학의 데보라 그루엔펠드 박사는 60명의 남녀 대학생에게 '레이건 대통령은 알코올 중독자가 아니다' 라든가 '제네럴 모터 사는 의도적으로 안전하지 못한 차를 만들고 있지 않습니다' 라는 '부정'의 문장을 읽혀 본 일이 있다. 그러자 하필이면 학생의 대부분은 '어쩌면 레이건 대통령은 알코올 중독이 아닐까?' 'GM은 안전하지 못한 차를 만들고 있는 것은 아닐까?' 하고 생각하게 되어버렸다. 부정의 문장을 읽으면 우리들은 그 반대가 진짜가 아닐까 하고 생각하는 것 같다.

소문에 대해서 정색하고 반론하려고 하거나 부인하려고 하면 오히려 그 소문의 신빙성을 높이고 만다. 때문에 최선의 방법은 아무튼 '내버려둬라' 인 것이다.

만약 당신이 회사 경비로 먹고 마시고 있다는 소문이 있어도 당황해서 부인할 것이 아니라 "허, 그런 소문이 있군. 무서운 세상이네" 하고 관계없다는 듯한 대답에 그치고, 부정하지 말고 내버려두는 것이다. 그러면 소문은 자연히 없어진다.

38. '어필 포인트' 를 찾는 법

"당신이 자랑할 수 있는 어필 포인트는 무엇입니까?"라는 질문을 받으면 여러분은 대답할 수 있겠는가. "갑작스러워서 생각이 나지 않습니다"라든가 "음, 모르겠는걸" 하고 고개를 갸웃 하고 있으면 유능한 비즈니스맨은 아니다. 자신의 어필 포

인트는 미리 생각하여 언제라도 즉시 답할 수 있어야 한다.

대체로 사회인은 학생시절의 구직활동으로 '자기 분석'이라는 면접 대책에 도전한 일이 있을 것이다. 입사 시험에서 질문하는 "당신의 장점은? 단점은?"이라는 틀에 박힌 질문에 대답하기 위해서다. 그러나 입사하게 되면 그런 수고는 언제 불었던 바람이냐는 식으로 생각한다. 그런 수고를 완전히 잊고 있는 사람이 많을지도 모른다.

그런데 지금 그 무렵을 생각하고 '자기 분석'을 진지하게 해보자. 하얀 백지 위에 자신의 어필 포인트를 잇따라 써 나가는 것이다. 몇 십 개든 몇 백 개든 생각나는 대로 사소한 것도 좋으니 모두 써보기 바란다. 그것이 끝나면 우선 자기 스스로 재고하여 자신을 내세울만한 어필 포인트만을 남기고 그 다음은 하나하나 지워 나간다. 몇 번이고 추고를 거듭해 나가면 '이것은 무기가 되겠구나'라는 어필 포인트가 부각 될 것이다.

만약 어떤 어필 포인트를 남겨야 할 것인지 망설여지면 머릿속에 '또 한 사람의 자신'을 만들어 내서 엄격히 파고 들어가면 추고 능력은 한층 더 높아진다. 요컨대 또 한 사람의 자신과 함께 이야기하면서 자신의 장점을 좁혀 가는 것이다.

'내 자랑거리는 흉내 내기로군. 어떤 접대를 하더라도 분위기가 고조되고.'

'음, 그래 흉내 내기의 레퍼토리는 몇 종류나 있지?'

'자신 있는 것은 세 개구나.'

'그 흉내 내기는 누구나 모두 웃어주나? 아니면 특정한 연령층의 사람만?'

'그러고 보면 나이든 사람은 웃어주지만 젊은 사람은 웃음이 좀 적단 말이야.'

이런 느낌으로 자신과 말을 해 보는 것이다. 자신과 말을 하면 자신의 장점이 명확해질 것이고 무엇을 어떻게 연마하면 장점을 더욱 더 신장시켜 나갈 것인지 알게 될 것이다.

물론 '또 다른 한 사람의 자기'라고는 하지만 역시 자신임에는 틀림없기 때문에 '주위 사람에게 확인하는 것'도 잊어서는 안 된다. 우수한 선배나 무엇이든 말할 수 있는 동료에게 "내 흉내 내기가 무기가 될 것 같아?" 하고 물어보는 것이다.

주위 사람들이 "그건 확실히 너의 장점이야!" 하고 동조해 준다면 드디어 자신을 가져도 된다. 만약 "음, 그게 좀 어떨까" 하고 인정해 주지 않을 것 같으면 깨끗이 다른 어필 포인트를 찾아내야 한다. 타인이 인정해 주지 않는 장점 따윈 단순한 독선이며 모래알만한 값어치도 없기 때문이다.

대체적으로 자신의 장점을 알게 되면 그 다음은 범위 좁히기다. 최종적으로는 2, 3개까지 좁혀두는 것이 좋다. 자랑할 만한 점이 10개, 20개나 있는 사람이라도 그 중에서 자신이 있는 것을 2~3개로 좁혀서 연마하는 것이 그 장점을 쭉쭉 뻗어나가게 할 수 있기 때문이다.

독일 하이델베르크 대학의 마이클 와트 박사는 어필 포인트가 10개 쓰여 있는 자동차 광고와 1개밖에 쓰여 있지 않은 광고에서는 후자의 반향이 컸다고 한다. 어필 포인트가 많이 있으면 오히려 광고를 보는 사람의 주의가 흐려져 버리기 때문이다.

자동차 광고라면 예를 들어 조작성이 좋고, 가격도 적당하고, 연료비도 적게 들어가고…라는 식으로 나열해 놓으면 보는 사람의 초점이 흐려져 결국은 인상에 남지 않는다. 그것보다는 '안전성에는 지지 않습니다' 한마디로 딱 잘라서 시행하는 것이 임팩트는 크다는 것이다.

와트 박사의 자료를 인용하면 '어필 포인트는 정말로 인정받고 싶은 것으로 좁혀 두라' 는 어드바이스가 유도된다. 이것은 자신을 PR할 때도 마찬가지다.

이와 관련해서 나의 자랑할 만한 어필 포인트는 심리학의 지식과 교섭을 잘하는 것과 웃음 띤 얼굴, 세 가지다.

39. 인생이 잘 나가는 사람들의 '사고방식' 의 공통점

"내 남자친구는 키므타쿠(요미우리 자이언트의 키무라 타쿠야의 애칭)보다 근사해" 하고 자랑하는 그녀에게 주변에서

"뭐? 그럴 리 없을 것 같은데" 하고 쓴웃음을 짓는 것은 흔히 있는 일이다. 그러나 나는 그것으로 족하다고 생각한다. 아니 오히려 그렇게 되었으면 한다. 비록 현실은 고릴라 같은 남자친구라고 해도 본인은 '키므타쿠보다 근사한 사람과 사귀고 있다'고 진심으로 생각하는 것이다. 이렇게 행복한 일은 없을 것이다.

"변형된 지각을 갖는 것이 연인 관계를 원만히 유지하는 비결이다"라고 매우 정확한 어드바이스를 하는 사람은 뉴욕 주립대학의 산드라 마리 박사다. 마리 박사는 77쌍 부부와 2년 이상 동거하는 28쌍의 커플을 조사해 흥미로운 사실을 확인했다. 그것은 '내 파트너는 나의 이상'이라고 서로 생각하는 커플일수록 두 사람 사이에 애정이 있고 행복하게 지내고 있다는 것을 알았다.

물론 이상적인 완전한 인간이 이 세상에 많이 있는 것은 아니다. 다만 원만한 커플은 상대를 '이상화해 주는 명인(名人)'이었던 것이다. 그런 사람은 행복한 것이다. 연인 관계뿐만 아니라 비즈니스의 대인 관계에 있어서도 변형된 지각을 갖는 것은 가치 있는 일이다.

당신에게도 주는 것 없이 미운 상사나, 거래처의 상대하기 거북한 한두 사람은 있다고 생각한다. 그런 상대와 이야기할 때에는 아무래도 얼굴이 굳어질 것이고 말투도 어두워지는 것이

보통이다. 그러나 그런 식으로는 영원히 사이좋게 될 수 없다. 비즈니스에 방해가 되는 것도 불가피하다. 누구하고도 사이좋게 사귀는 것은 우수한 비즈니스맨의 기본 스킬이다.

그래서 제안하고 싶은 것이 '상대를 이상화하는 명인이 되는 것'이다.

전술한 부부나 연인처럼 변형된 지각을 갖게 되면 제법 간단하다. 말 많은 상사에 대해서는 '친아버지처럼 꾸짖어 주고, 얼마나 고마운 존재인가' 하고 믿도록 하자. 붙임성이 없는 거래처에 대해서는 '사교상의 인사치레로 히쭉히쭉 웃지 않는 정직한 사람이다'라고 해석해 두면 될 것이다. 자신의 실력을 질투해 곧 발목을 잡으려고 하는 선배에 대해서는 '언제나 조심성을 잊어서는 안 된다는 것을 생각나게 해 주는 사람이다'라고 생각하면 된다.

이와 같이 생각하면 적어도 자신이 초조해 할 일은 없고 상대를 관대하게 대할 수 있기 때문이다. 누구와 만나도 '이 사람은 사이코다' 하고 진심으로 착각할 정도로 행복한 것은 없다. 때문에 자신의 지각을 변형시키는 훈련을 해 두면 좋다. 세상의 사람 전부를 연인처럼 사랑스럽게 생각하는 사람은 사람과의 만남이나 교제가 각별하게 즐거워진다. 이에 따라 장밋빛 인생을 보내게 되고 그 결과로서 일도 잘 할 수 있게 되는 것이다.

40. 중요한 고객을 만나기 전에 해 두어야 할 것

　우울증 환자의 증가가 근년에는 자주 문제시되고 있다. 이것은 결코 남의 일이 아니다. 우리들은 비교적 간단히 우울병에 걸릴 가능성이 있다. 만약 당신이 '최근 운동부족'이라 느낀다면 우울증에 걸리기 일보 직전이라고 경계하는 것이 좋을지도 모른다. 몸을 움직이지 않으면 마음도 가라앉기 때문에 매일을 즐겁게 느낄 수 없게 된다.

　'아이고 이 책은 건강 서적이 아닌데….'

　이렇게 생각하는 독자도 있을지 모르지만 마음의 건강을 유지하는 것은 대인 관계에 있어서도 매우 필요하다. 마음에 스트레스가 쌓인 음산한 표정으로는 첫 대면의 사람으로부터 호감을 살 리 없다. 왜냐 하면 기분이 가라앉아 있으면 웃음 띤 얼굴을 만들지 못할 것이며 대화도 활기를 띨 수 없기 때문이다. 최초 1분에 자신의 매력을 연출할 수 있기 위해서는 마음이 개운치 않은 것을 제거하고 마음이 신바람 나서 들뜬 상태를 유지할 필요가 있다.

　우울한 기분을 날려버리는 요령은 몸을 움직이는 것이다. 게다가 평소 몸을 많이 움직이는 사람은 쾌활한 이미지를 준다. 마음의 스트레스를 발산하고 있어서 언제나 표정이 밝기 때문이다. 이렇게 명랑한 사람은 누구에게서나 호감을 사게 되는 것이다.

이렇게 말하는 나도 제법 활동적인 쪽이라 생각한다. 계속 책상에 웅크려 앉아서 집필하고 있으면 아무래도 기분이 가라앉기 때문에 그런 때에는 취미인 곤충 채집이나 낚시를 하러 나간다. 밖에 나가서 몸을 움직이면 기분이 개운해지기 때문에 다시 의욕적으로 책상에 앉을 기분이 든다.

브리티시컬럼비아 대학의 의사인 그랜트 아이바슨이 45세 이상의 성인을 대상으로 조사했더니 운동부족인 사람은 운동하는 사람의 7.4배나 우울증에 걸리기 쉽다는 것을 알았다. 운동부족이면 아무래도 기분이 우울해진다는 증거다. 더구나 55세 미만의 여성에 한해서 조사하면 운동부족인 사람은 운동하는 사람에 비해 놀랍게도 15.7배나 우울증에 걸리기 쉽다는 것도 알았다.

어떤 사람이나 그렇겠지만 특히 여성은 나이가 많아질수록 기분이 우울해지는 것 같다. 여성 독자는 스포츠클럽에 등록하여 강제적으로 운동하는 기회를 갖는 것이 좋을지도 모른다.

'아무래도 기분이 개운치 않다'는 날에 중요한 고객과 만날 약속을 잡았다면 한바탕 땀을 흘리고 나서 만나러 가는 것이 좋다. 약속 장소에 택시 타고 가는 것이 아니라 걸어서 가는 것이다. 시간이 허락한다면 야구 배팅센터에 들렸다 가는 것도 좋을 것이다. 가볍게 땀을 흘리고 나서 사람을 만나러 가면 최고의 웃음 띤 얼굴로 상대를 만날 수 있다. 고객에게 좋은 인상을 주는 준비라 생각하면 이 정도 시간이나 수고는 아까워 할 것이 아니다.

41. 상대와 60㎝ 간격일 때 대화가 가장 잘 풀린다

첫 대면의 사람과 1초라도 빨리 사이좋게 되고 싶다면 테이블을 사이에 끼는 거리가 어느 정도 될 것인지 의식해 보면 좋을 것이다.

심리학에서는 '물리적인 거리가 멀어지면 심리적인 거리도 멀어진다' 라는 법칙이 있다(보사드의 법칙이라 한다). 예를 들면 몹시 큰 테이블을 사이에 두고 대화해야 한다고 하자. 이와 같이 상대와의 거리가 너무 떨어져 있으면 서로가 좀처럼 속을 털어놓고 이야기를 할 수 없게 되는 것이다. 사이좋게 되고 싶은 신규 거래처와 만날 때는 너무 거리를 두지 않는 것이 중요하다.

협의나 상담은 테이블에 기획서나 자료를 펼쳐서 이야기하는 것이 일반적이다. 그 때 테이블 폭을 계산에 넣고 상대와 자신과의 거리가 60㎝ 정도가 되도록 하면 좋을 것이다. 이야기가 활기 띨 것이고 서로 속마음을 아는 관계가 될 수 있기 때문이다.

스톡턴 주립대학의 낸시 아슈턴 박사는 '첫 대면에서는 상대와의 거리는 60㎝가 적절하다' 라고 기술하고 있다. 커피숍에서 만나든, 응접실이든 60㎝ 폭 정도의 테이블을 사이에 두고 이야기하면 마음을 터놓기 쉽다.

나도 전에 어떤 사람과 협의 할 일이 있었을 때, 매우 큰 회의실로 안내 받아 황송해 했던 적이 있다. "오늘은 선생께서 오신다 하기에 제일 넓은 회의실을 잡아두었습니다" 하고 마음 써주는 것은 고맙지만 아무래도 침착할 수 없었다. 어떤 회사라도 대개 회의실의 테이블은 보통 테이블의 몇 배나 크다. 대면해서 앉으면 상대와의 거리는 족히 2m가 넘는 것이 보통이다. 이래서는 심리적인 거리가 좁혀지지 않고 마음을 터놓을 수 없다.

처음 만나는 사람과는 훌륭한 테이블이 있는 응접실보다 사무실 구석에 있는 조그만 업무용 테이블에서 이야기하는 것이 대화가 활기 띨 가능성은 크다. 따라서 방이나 테이블이 클 때에는 의자만 방구석 쪽으로 가지고 가서 거기서 나란히 앉아 이야기하는 것이 좋다. 칸막이 같은 것으로 가릴 수 있다면 방을 작게 해서 서로의 거리를 좁히고 나서 이야기하는 것이 좋을 것이다.

이와 관련해서 캔자스 대학의 마이클 스톰스 박사의 연구에서 '유사성이 있는 상대와는 30.5㎝ 거리에서 이야기하는 것이 가장 좋다' 는 것도 알았다. 비슷한 상대와는 60㎝는커녕 손이 서로 닿을 정도의 거리에서 말을 해도 친밀해진다.

'이 사람, 나와 분위기가 비슷하구나'라든가 '나도 원숭이 얼굴이지만 이 사람도 상당히 원숭이 얼굴이다'라는 식으로 상대에게서 공통점을 발견하였으면 될 수 있는 한 가까이 앉아서 거리를 30㎝ 정도로 조정해 보는 것도 좋을 것이다. 다만 30㎝라는 것은 매우 가까운 거리다. 역시 60㎝ 정도는 떨어지는 것이 무난할지도 모른다.

42. '심약한 사람'이 '리더'로 변하는 법

잡지나 광고에 실려 있는 모델의 사진은 빛을 계산하고 촬영한 것이다. 셔터를 누르는 순간 사진의 주역인 여배우나 모델에게 스트로보나 반사경 등으로 충분한 빛을 조사하게 된다. 빛을 조사하면 그 사람의 매력의 최저 수준을 끌어올릴 수 있기 때문이다.

우리들도 빛을 쬠으로써 적지 않게 매력을 높일 수 있다. 스트로보나 반사경을 설치하여 생활하는 것은 무리지만 태양의 빛이나 방의 형광등 불빛이 자신에게 내리비치는 장소에 앉으면 매력이 높아진다.

대체적으로 사장실은 뒤에서 햇볕이 들어오는 위치에 책상이 놓여 있다. 그 이유는 방으로 들어온 인물에 대해 자신이 빛나게 보이도록 하기 위해서다. 사내에서 자리를 바꿀 때에는 될 수 있는 한 창가 쪽의 좌석을 잡는 것이 좋다. 왜냐 하면 햇볕이 들어와서 당신을 비추게 되면 그것을 본 사람들은 당신의 매력을 실제 이상으로 높게 보기 때문이다.

빛도 없고 어두운 곳에 있으면 당신 자신도 수수하고 어두운 인간이라 여기게 된다. 밝은 곳, 햇볕이 듬뿍 들어오는 장소에 있으면 당신은 경쾌하고 쾌활하게 보일 수 있다. 이것을 뒷받침하는 심리학 자료도 있다.

브란다이스 대학의 레슬리 맥아더 박사가 많은 사람을 모아 5 ~6명씩의 그룹 토론을 시킨 적이 있다. 그리고 각 그룹에 "어떤 사람이 제일 리더십을 발휘하고 있었는가?" 하고 물어보았다. 그 결과 조명을 잘 받는 장소에 앉아 있던 사람일수록 리더로 선발되기 쉽고 다른 멤버의 기억에 남기 쉽다는 것을 알았다.

빛이 비춰지는 장소에 앉으면 누구나 리더가 될 수 있다. 강한 인간이라고 위장할 수도 있을 것이다. 비록 당신의 성격이 어둡고 낯을 가리고 겁이 많다고 해도 밝은 장소에 앉기만 하면 그 인상이 확 변한다.

자연 광선이 들어오는 회의실이라면 창가 쪽의 좌석을 차지하자. 커피숍이나 레스토랑에서는 간접 조명에 가까운 좌석에 앉거나 종업원에게 "밝은 자리를 부탁합니다" 하고 부탁해야 한다. 통로 쪽의 빛이 들어오지 않는 좌석에 앉아서는 안 된다.

상대는 어두컴컴한 이미지가 그대로 당신의 이미지라고 연상하게 되고 '어두운 것 같고 소심한 것 같다' 하고 얕보게 된다.

마음이 연약하고 자신의 발언에 자신이 없는 사람은 더욱 더 밝은 좌석에 앉을 필요가 있다. 빛의 힘을 빌리면 대수로운 발언은 못해도 자신의 존재감을 높일 수 있기 때문이다. 석가모니나 예수 그리스도 등 전 세계의 일반적인 신의 그림이나 상이 '후광'을 받고 있는 모습인 것도 납득할 수 있다. 눈부신 모습을 하고 있으면 존경의 대상이 되기 때문이다.

지금 당장 무엇을 한 것은 아니라도 빛을 찬란하게 쬐기만 해도 자신의 가치를 높일 수 있다. '이 사람은 훌륭한 사람일 것이다' 하고 상대가 멋대로 오해해 주니까 그 오해를 끌어내기 위해서도 빛을 유효하게 사용하라.

43. 상대편에서 봐서 오른쪽에 앉으면 강하게 보인다

팀으로 교섭하는 경우를 생각해 보자. 당신 측이 3명, 상대에서 3명이 모여서 교섭할 때 아무것도 생각하지 않고 의자에 앉는 것이 아니라 자신의 '포지션'도 생각해 두어야 한다. '어떤 좌석에 앉을 것인가'를 경시해서는 안 된다. 축구의 '포워드(forward)'가 공격에 유리한 포지션이고 '디펜더(defender)'가 수비에 맞는 포지션인 것처럼 비즈니스의 자리에서도 상대

를 공격하기 쉬운 포지션이나 방어 포지션이라는 것이 있다.

우선 터프하고 강한 이미지를 나타내고 싶은 경우. '상대편에서 봤을 때 오른쪽 위치에 앉으면 자신을 강하게 보일 수 있다'는 심리학의 자료가 있다.

가령 거래처와의 교섭에서 당신이 상대에게 강경한 요구를 들이대는 순서였다고 하자. 당신 쪽의 3명이 나란히 앉을 거라면 당신은 제일 왼쪽 자리에 앉는다. 그러면 대면으로 앉는 교섭 상대에서 보면 당신이 오른쪽이 된다. 다른 2명보다 강한 듯이 보이는 당신의 발언은 더욱 위협적으로 보일 것이다.

남성의 경우라면 이 테크닉을 미팅에서도 응용할 수 있을 것 같다. 여성 측에서 보고 오른쪽 좌석에 앉는 것이다. 잘하면

'남성적이고 늠름하다' 라고 여기게 될지도 모른다. 다소나마 인기를 얻을 가능성이 높아진다면 하지 않을 수 없다. 여성의 경우는 마주보고 왼쪽에 앉는 것이 무난할 것이다. 쓸데없이 강한 듯한 인상을 주면 현대의 연약한 남성은 힘이 빠져 일어설 기력도 없어지기 때문이다.

포지션에서 마음 써야 하는 것은 좌우의 차이뿐만 아니다. 고저의 차이도 대단히 중요한 포인트다.

조지아 대학의 알리 슈발레트 박사는 많은 사람이 찍혀 있는 사진을 피험자에게 보이고 감상을 모집했다. 여러분도 중학교나 고교시절에 단체 사진을 찍은 추억이 있을 것이다. 슈발레트 박사도 그런 느낌의 사진을 준비하여 "어느 사람이 강하게 보이는가?" 하고 물어보았다. 그 결과 뒤 열의 높은 위치에서 찍혀 있는 사람 쪽이 전열의 낮은 위치에서 찍혀 있는 사람보다 강한 인상을 준다는 것을 알았다.

될 수 있는 한 상대보다 높은 위치를 노리는 것이 '이길 수 있는' 포지션을 차지하는 룰이다. 법정에서 법관 좌석이 높은 위치에 있는 것도 이론적으로는 같다. 판결을 내릴 권력이 자신에게 있다는 것을 그 자리의 전원에게 과시하기 위해 일부러 높은 위치에 앉아 있는 것이다.

그러나 평소 생활에서 남보다 높은 위치에 앉는 상황은 좀처럼 없을지도 모른다.

그런데 상대는 앉아 있고 자신은 서 있는 상황이라면 자연히 고저 차이가 날 것이다.

바쁜 시기라는 것을 알면서도 어떻게든 유급 휴가를 얻고 싶다. 그런 때에는 상사가 책상 의자에 앉아 있을 때를 틈타서 천천히 다가가 보자. 그리고 당신은 서 있는 채로 부탁하는 것이다. 평소에는 모진 상사라도 당신이 내려다보고 심리적으로 몰아붙이면 "유급? 글쎄 안 될 것도 없지만…" 하고 박력에 져 줄지도 모른다.

44. 만남 장소에 따라 스트레스가 증대된다

상대를 불쾌하게 한 것도 아니고 불쾌한 말을 한 것도 아닌데 상대가 어쩐지 초조해 하는 경우가 있다. 아마도 그런 때에는 사람을 만나는 '장소'를 잘못 택한 것이다. 우리들에게는 이런 장소에 있으면 기분이 나쁘다는 상황이 있다. 무의식적으로 불쾌한 기분이 드는 장소가 있는 것이다. 따라서 사람을 만날 때에는 주의 깊게 장소 선정을 해 두는 것이 좋다.

예를 들면 사람이 북적거리는 상황.

몹시 혼잡한 바겐세일 장에서 사람을 헤치며 쇼핑하는 것은 참기 힘든 고문이다(특히 남성은 그럴 것이다). 사람들로 붐비는 바람에 기분이 나빠지거나 심할 때는 살의를 느끼는 경우조차 있을지도 모른다.

인간에 한하지 않고 쥐도 여러 마리를 좁은 상자에 밀어 넣으면 마구 공격적이 되거나 탈모증에 걸리거나 성 행동을 할 수 없게 된다고 한다. 동물은 복잡한 장소에 있으면 많은 스트레스를 느끼는 것이다. 인간도 그렇다.

얼바인 소재 캘리포니아 주립대학의 G. W. 에반스 박사에 의하면 혼잡한 방과 느긋하고 넓은 방을 준비하여 머리를 사용하는 작업을 시키면 혼잡한 방에 있을 때가 스트레스가 높아지며 혈압과 심장 박동 수도 늘어났다고 한다. 따라서 첫 대면에 좋은 인상을 주고 싶으면 될 수 있는 한 느긋한 장소가 좋다. 호텔의 라운지나 커피숍 등은 느긋한 공간이 있으니 협의하기에는 최적이다.

또 더위도 사람을 초조하게 만드는 요인이다.

잠들기 어려운 여름밤을 생각해 보자. "아이고 더워" 하고 신음하거나 이불을 차 던지는 것은 분산할 데가 없는 분노를 진정시키고 싶기 때문이다. 한 연구에 의하면 한여름은 범죄율도 높아지고 메이저리그에서의 데드볼 횟수도 늘어나는 것이 확인되어 있다. 인간은 더우면 자연히 흥분한다.

캔자스 주립대학의 환경심리학자인 윌리엄 그리피트 박사는 많은 사람이 북적거리는 것과 기온이 높은 것이 인간의 감정에 주는 영향을 조사했다. 그리피트 박사는 같은 방에 12~16명을 강제로 넣은 경우와 3~5명을 들어가게 한 경우에 두 조건을 설정하여 방안에서 대화를 나누게 했다.

충분히 대화를 나누게 한 후, 각 참가자에 대한 평가를 요구하였더니 혼잡한 방에 억지로 들어간 그룹보다 느긋한 방에서 대화를 한 그룹이 "같은 방에 있던 사람들은 좋은 사람들이었다"라고 감상을 말했다고 한다. 압박감이 있는 방에 있기보다 적은 인원으로 느긋하게 지내는 것이 온화한 기분이 될 수 있다는 증거다.

또 그리피트 박사는 방의 온도를 14도로 설정한 경우와 29도로 설정한 경우를 비교했다. 그 결과는 14도의 방에서 참가자들끼리의 호감이 높아졌다고 한다. 실온으로서는 약간 더운 29도의 방보다 시원한 14도의 방에 있는 것이 인간관계를 원만하게 한다는 것이다.

중요한 비즈니스 상대는 물론이고 크게 신경 쓰이지 않는 친구나 연인을 만나는 경우에도 혼잡한 장소나 덥고 답답한 장소는 피해야 한다. 깜빡 하고 그런 장소로 가게 되면 자신에게 실수가 없더라도 불필요한 다툼을 일으킬 수 있다. 혼잡하거나 더운 곳은 사람을 초조하게 하는 지뢰와 같은 것이기 때문이다.

좀 더 설명하면 혼잡한 장소는 '상대의 주의를 산만하게 한다' 는 단점도 있다.

모처럼 당신이 진지하게 고객을 설득하려고 해도 타인의 이야기 소리가 시끄럽거나 뒤에 미모의 여성 직장인들이 왔다 갔다 하면 손님은 당신의 이야기에 집중할 수 없다. 상대의 흥미나 관심을 빼앗을 것 같은 요소가 많다는 이유에서도 혼잡한 장소는 금지 구역이다.

회사의 응접실이나 회의실 등 사람을 초대할 가능성이 있는 장소는 쓸데없는 사람이 눈에 띄지 않게 하고 필요 없는 것을 처분하여 말끔하게 해 두자. 더운 날에는 손님이 오기 전에 에어컨의 스위치를 약간 낮은 듯 하게 설정해 두는 것도 잊지 않도록 하자.

45. 효율적으로 인맥을 유지하는 '메일의 사용법'

이 책은 최초 1분에 상대에게 호감을 사는 테크닉을 전수하는 것이다. 그러나 일단 호감을 샀다고 해서 그 후에 호감을 살 노력을 하지 않아도 되는가 하면 그것도 아니다. 낚은 물고기에게 먹이를 주지 않고 있으면 언제 도망칠지 모른다. 이른바 '애프터 케어'도 인맥을 유지하는데 빠뜨릴 수 없는 것이다.

인간관계라는 것은 단순히 '형성'만을 생각하면 안 되고 그 '유지'에 대해서도 만전의 태세를 갖추어 두어야 하는 것이다. 인간관계의 유지에 대해서 생각해 두지 않으면 '만났을 때의 인상은 좋았는데 그 다음이 아무래도…'라는 결과가 될 수도 있다.

인맥이 떨어져 나가지 않게 하기 위해서는 메일을 주고받는 것이 안성맞춤의 수단이다. 아마 옛날은 편지가 그것이었을 테지만 지금은 생각나면 한순간에 송신할 수 있는 메일이 훨씬 사용하기 좋다.

오하이오 주립대학의 로러 스타포드 박사는 임의로 발탁된 881명의 성인에게 '인간관계를 유지할 때 메일은 어느 정도 중요한가?' 라고 앙케트 형식으로 조사했다. 그 때 모인 회답을 분석하면 '메일을 주고받는 것은 대단히 중요하다' '사적으로나 비즈니스로나 사람 교제에 메일은 매우 유용하다' 라는 긍정적인 의견이 대부분이었다. 이미 메일은 우리가 사람과 교제하는 데 있어서 없어서는 안 될 도구인 것이다.

대부분의 사람이 이렇게 메일에 의존하고 싶어지는 이유는 뭐니 해도 수고나 시간 소요 없이 상대와 연결되어 있는 기분을 맛볼 수 있기 때문이다.

어른이 되면 누구나 그 나름으로 인맥을 가지고 있지만 그것을 관리하는 것은 매우 힘들다. 한 사람도 잃어버리고 싶지 않은데 모든 사람과 건실하게 만나는 것은 물리적으로 불가능하다. 게다가 특히 마음이 맞는 친구는 항상 만나고 싶지만 그렇지 않은 친구나 업무 관계의 사람을 만나는 것은 약간 귀찮은 것이 본심이다.

이럴 때 메일이 도움이 된다는 것이다. '최근 별로 만나지 못하지만 별일 없으십니까?' 하고 메일을 한 통 보내기만 해도 '나는 당신을 잊지 않고 있습니다. 언제나 마음에 두고 있으니까…' 라는 마음을 전달할 수 있다. 일부러 만나러 가는 수고도 비용도 억제할 수 있고 메일을 보냈다는 배려를 상대의 메일 수신 박스에 '기정사실'로서 남길 수 있다. 대단히 효율이 좋다.

여름의 복중(伏中) 문안과 연시의 연하장만으로는 역시 너무 적다. 수개월에 한 번은 메일을 보내는 것이 상당히 친밀한 관계를 유지할 수 있다. 메일의 작성은 고작 걸려야 1~2분. 그 시간과 수고로 인간관계를 유지할 수 있으니 편리하다고 말하지 않을 수 없다.

메일을 주고받는 장점은 그밖에도 있다. 그것은 상대의 본심을 알아내기 쉽다는 것이다.

오픈 대학의 아담 존슨 박사는 면식이 없는 동성의 대학생으로 짝을 지어 대면 상황에서 대화한 경우와 컴퓨터상으로 주고받은 경우를 비교하자 컴퓨터상으로 주고받는 것이 '실은…' 하고 본심을 드러내기 쉬운 것을 밝혀냈다.

우리들은 컴퓨터상이라면 '입이 가벼워지는' 경향이 있다. 구체적으로는 대면해서 이야기하면 0.7개밖에 개인 정보를 분명히 표시하지 않지만 컴퓨터상이 되면 3.1개나 개인 정보를 표시하고 있었다는 것이 판명되었다.

분명히 절도 있는 상식인이라면 첫 대면의 사람에게 "실은 다섯 번이나 이혼 경력이 있습니다"라든가 "우리 회사, 실은 도산할 것 같습니다"라는 종류의 비밀이야기는 하지 않는다. 그래도 메일로 주고받는 것이라면 무의식중에 본심을 드러내는 경우가 적지 않다.

좀처럼 만날 수 없는 친구는 말할 것도 없고 비즈니스 관계의 사람에게도 안부 메일은 적극적으로 보내는 것이 좋다. 그리고 친밀함을 유지하고 있으면 공공연한 장소에서는 들을 수 없는 정보를 뜻하지 않게 입수할 수 있을지도 모른다.

[제 4 부]

성공률을 높이는
고급 역(逆)심리술

훈련한다	'외면'을 만든다	좋은 결과를 계속 내는 비즈니스맨의 심리 기법을 사용하여 높은 성공률을 유지하기 위한 테크닉을 소개한다.
	말을 꺼낸다	
	성공률을 높인다 ••••	

46. 톱 영업사원들의 3가지 공통점

같은 비즈니스맨이라도 소속 부서나 담당 업무에 의해 첫 대면의 사람과 만나는 빈도는 크게 다를 것이다. 총무부나 경리부에 있으면 사내 사람들을 접하는 시간이 길고 첫 대면의 상대와 이야기할 기회는 적을지도 모른다. 그런 점에서 영업사원은 매일이 만남의 연속이다. '사람과 만나는 것도 직무의 하나'인 것이다.

그런 까닭에 우수한 영업사원일수록 최초 1분(첫인상)에 자신을 좋게 보이게 하는 기술이 뛰어나다. 여기에서는 그들을 분석함으로써 몰래 그 비밀을 탐색해 보기로 하자.

우선 매상 실적이 좋은 영업사원에게 공통적으로 볼 수 있는 특징은 생글생글 웃음 띠고 있다는 것이다. 나는 일본의 톱 영업사원을 상대로 강습한 적이 있다. 보통의 강연회에 비해 상당히 이야기하기 쉽게 느껴졌다. 그것도 그럴 것이 참가자 전원이 생글생글한 얼굴로 이야기를 들어준 것이다. '손님도 이렇게 웃음 띤 얼굴을 보이면 기분이 나쁠 리 없습니다' 하는 식으로 묘하게 납득하는 것이었다. 우수한 영업사원은 웃음 띤 얼굴이 판에 박혀 있다. 그 웃음 띤 얼굴로 손님을 기분 좋게 하여 계약을 성사시키게 될 것이다.

이런 이야기도 있다. 미국의 한 백화점에서 '스마일 캠페인'을 실시하였을 때 매상이 급증하였다는 것이다. '스마일 캠페인' 이라고 명목은 과장되었지만 고작 판매원이 '웃음 띤 얼굴로 손님을 맞이했다' 는 것뿐이다. 게다가 출혈을 각오한 대 매출과는 달리 웃음 띤 얼굴이라면 그 비용은 0원. 공짜로 큰 벌이를 한 셈이다. 틀림없이 웃음 띤 얼굴은 매물이 된다.

또 웃음 띤 얼굴과 함께 사용한 것이 '아이콘택트(눈과 눈의 커뮤니케이션)' 와 '맞장구' 다. 웨스턴 일리노이대학의 잭 하워드 박사는 '우수하게 보이는 사람이 어떤 몸짓을 하는가' 를 조사한 적이 있다. 거기서 알게 된 결론은 웃음 띤 얼굴, 아이콘택트, 맞장구 세 가지가 빈번한 사람일수록 우수한 사원으로 보인다는 것이었다.

실제로 보고 있으면 유능한 영업사원도 똑같은 것을 하고 있다. 손님에게 상품을 권할 때에는 항상 웃음 띤 얼굴. 이것은 기본 중의 기본이다. 그리고 몇 번이고 손님과 아이콘택트를 취함으로써 '눈으로 죽이는 것' 도 잊지 말아야 한다. 나아가서는 손님이 뭔가 말하면 "아, 네, 과연…" 하고 기분 좋게 맞장구치

는 것이다. 이런 영업사원은 느낌이 좋다. 별로 필요하지 않은
상품이라도 팔아주고 싶어지는 법이다.

47. 같은 이야기를 해도 쉽게 '동의'를 얻는 기술

유능한 영업사원이 되려면 빠르게 말하는 기술을 익혀야 한
다. 상품에 대해 설명할 때에는 빠른 말로 전달하는 것이 좋
다. 이 때 고객도 상품의 좋은 면을 이해해 주기 때문이다.
가끔 천천히 거북과 같은 스피드로 이야기하는 영업사원이

있는데 이는 아마추어가 할 짓이다. 상대가 귀가 잘 들리지 않는 나이거나 노인이라면 몰라도 느리게 이야기하면 단조롭게 들려서 전혀 흥미가 솟지 않는다. 상대를 따분하게 할 뿐이다.

듣는 사람을 자신의 얘기로 끌어들이려면 '억양'을 붙여서 이야기할 필요가 있다. 대충 내용은 빠른 말로 이야기하면서 중요한 부분만 호흡을 한 번 쉬고 감정을 담아서 이야기하는 것이다. 학교 선생이 수업 중에 중요한 부분에 접어들면 "알겠니? 여기는 시험에 나올 거다" 하고 천천히 주의를 환기시키는 그 느낌이 참고가 된다.

게다가 억양을 붙이면 상대도 어디가 이야기의 포인트인지 알기 쉽다. 처음부터 최후까지 천천히 이야기하면 단락이 없어서 듣는 사람에게 이야기의 중요 포인트가 전해지지 않는다. "그래서 결국 어떻다는 겁니까?" 하고 반문하거나 "아, 네, 알았어요. 이제 됐습니다" 하고 흘려버리게 되는 것이다.

그래도 "말이 빠르면 알아듣지 못할지도 모르지 않은가" 하고 불안해지는 독자도 있을 것이다. 영어에서 빠른 말로 마구 해 대는 바람에 "저… 조금 천천히 이야기해 주시겠습니까?" 하고 부탁하고 싶어지는 심경이 된다고 생각할 것이다. 하지만 우리들이 평소 익혀 사용하고 있는 언어라면 그런 걱정은 할 필요 없다.

왜냐 하면 인간 사고의 처리 속도는 대단히 빠르기 때문이다. 일본어에서는 빠른 말로 해도 고작 1분간에 200단어에서 300단어다. 그런데 우리들의 머리는 1분간에 700단어에서 1000단어 정도의 내용을 정확히 이해할 수 있다. 때문에 아무리 빠른 말로 말해도 상대가 이해하지 못하는 일은 없는 것이다.

렌슬러 폴리테크닉 공대의 제임스 맥라한 박사는 30초의 텔레비전 CM과, 동일한 내용의 CM을 24초에 압축한 것을 피험자에게 보여준 적이 있다. 실험한 지 2일 후에 어느 정도 CM의 내용을 기억하는지 조사했다. 그 결과 30초의 CM은 14.5%밖에 기억하지 못한 데 대해서 24초의 CM은 24.0%를 기억하고 있었다 한다. 요컨대 빠른 템포로 들어온 정보가 인간의 기억에는 남기 쉽다는 것이다.

'빠른 말로 이야기하는 것이 상대를 설득하기 쉽다' 는 장점도 있다.

노스 조지아 대학의 스테판 스미스 박사는 '대학의 시험은 좀 더 엄격히 해야 한다' 는 연설을 녹음한 음성 테이프를 학생에게 들려주는 실험을 행해 보았다. 학생으로서는 돌을 던지고 싶어지는, 도저히 찬성할 수 없는 연설 내용일 것이다.

다만 테이프의 재생 스피드를 1분간에 185단어 이야기하는 버전과 1분에 220단어 이야기하는 버전으로 나누어 들려보니까 1분간에 220단어 이야기하는 빠른 말 버전에서 듣는 사람의 동의를 얻기 쉽다는 결과가 나왔다. 찬성할 수 없는 내용이라도 빠른 말로 말하면 왠지 모르게, '그런 건가' 하고 상대도 받아들이고 만다.

심리학에서는 '빠른 말로 이야기하는 것이 신뢰받기 쉽다' 는 것도 알고 있다. 빠른 말로 주저 없이 이야기하는 사람은 내용을 숙지하고 이야기하는 것처럼 보이기 때문이다.

이야기에 집중하게 하여 기억하기 쉽게 할 뿐 아니라 찬동과 신뢰까지 얻을 수 있다. 빠른 말로 이야기하는 것은 여러 가지 장점이 있다고 말할 수 있을 것이다.

48. '자리의 분위기를 읽는 법' 으로 성적은 올라간다

분위기를 읽지 못하는 사람은 대개 미움을 사는 사람이다. 빨리 돌아가고 싶어서 시계를 흘끗흘끗 보고 있는 상대에게 언제 끝날지 모르는 이야기를 하는 사람은 그 전형이다. 원래 그런 사람은 상대가 시계를 보고 있는 것조차 알아채지 못한다. 상대를 잘 보면 알아챌 텐데 자신의 이야기에 열중하여 상대의 '이제 돌아가고 싶다는 사인' 을 보지 못하는 것이다. 분위기를 읽지 못하는 것은 상대를 보고 있지 않다는 증거다.

상대의 얼굴만 정확히 보고 있으면 판단을 그르치는 일은 거의 없다.

‘선생의 얼굴을 보고 있는 학생일수록 학력이 올라간다’는 자료가 있다. 왜냐 하면 선생의 얼굴을 보고 있으면 어디가 중요한지를 힘이 들어간 선생의 얼굴을 보고 알아채기 때문이다. 흑판만 보고 일심불란하게 노트하고 있는 학생일수록 수업을 따라가지 못하는 것은 어디에 포인트가 있는지 모르기 때문이다.

  물건을 파는 세일즈맨은 이런 점을 잘 알고 있는 것 같다. 그들은 손님의 얼굴에서 눈을 다른 곳으로 돌리지 않고 일거수일

투족까지 주의를 기울이고 있다. 고객이 안절부절못하고 다른 것에 마음이 돌아가 있을 것 같으면 빨리 상담을 일단락 짓고 그 날은 돌아가는 것이 상식이다. 양미간을 찌푸리고 있으면 무엇이 불만인지 물어보곤 한다.

요컨대 고객이 바라는 것을 꿰뚫어보고 그대로 해 주는 것이다. '이 놈은 기분 나쁜 놈이네' 하고 고객이 생각한다면 비록 그 날 상품이 팔리지 않아도 자리에서 일어난다. 후일 상대가 필요할 때 주문 전화가 걸려올 거라는 것을 알고 있기 때문이다.

유능한 영업사원은 상대의 마음을 헤아린다. '독심술'이 높은 것이다.

'독심술'에 자신이 없는 사람은 우선 상대의 상반신 특히 상대의 얼굴을 구멍이 뚫어질 정도로 보는 것부터 시작하자. 대개 그 부분에 인간의 본심의 대부분이 응축되어 있기 때문이다.

간호 관계의 업무에 종사하는 사람은 뇌경색으로 말을 알아들을 수 없게 된 환자의 이야기도 얼굴을 보면서 듣고 있으면 말하려고 하는 내용을 알 수 있다고 한다. 극단적으로 말하면 대화를 하지 않아도 얼굴을 보고 있으면 의사소통을 꾀할 수 있다는 것이다.

또 여기서의 어드바이스는 특히 남성 독자에게 필요할 것 같다. 노스 이스튼 대학의 마리안 마스트 박사의 연구에 따르면

'남성보다 여성이 상대의 외모를 잘 보고 있다'는 사실이 밝혀졌기 때문이다.

예를 들면 커플로 이야기했을 경우 남성은 아무래도 대화 내용에 마음을 빼앗기기 쉽다. 상대 여성이 어떤 옷을 입고 있었는지 좀처럼 생각해 낼 수 없는 것이 보통이다. 그런 점에서 여성은 다르다. 여성은 상대의 헤어스타일이나 양복, 시계의 브랜드에 이르기까지 대단히 섬세하게 관찰하고 있다(그 대신 대화 내용은 기억하고 못하는 경우가 많다).

여성은 내 어드바이스 같은 것은 없어도 대개 상대를 보는 습성이 갖추어져 있기 때문에 걱정할 필요가 없을 것 같다. 반면에 남성 독자 여러분은 상대의 얼굴에서 본심을 읽고 이해하는 버릇을 기르지 않으면 무의식중에 분위기를 잘못 읽으니 조심하기 바란다.

49. 왜 사람들은 사기꾼의 이야기를 신용하는가?

"거짓말이 아니라면 내 눈을 보고 말하세요."

이런 대사는 영화나 드라마에서 오랫동안 써서 낡아버린 표현이다. '거짓말이 아니라면 눈을 보고 말할 것'이며 '눈을 딴 데로 돌린다는 것은 거짓말하고 있다'는 것이 된다. 눈을 보지 않고 이야기하는 사람은 거짓말쟁이다.

그렇게 판단하는 것은 일본인뿐만 아니라 외국인도 마찬가지다. 캐나다에 있는 토론토 대학의 고든 헴슬레이 박사가 절도 용의자가 알리바이를 증언하는 내용의 비디오를 사람들에게 보여 그 반응을 본 적이 있다. 비디오는 '똑바로 앞을 보면서 알리바이를 증언하는 용의자' 와 '고개를 숙여 알리바이 증언을 하는 용의자' 의 두 종류가 있었는데 앞을 보고 말한 용의자는 고개를 숙이고 말한 용의자의 2배나 신용 받았다고 한다.

'눈을 딴 데로 돌리면 수상하게 여겨진다' 는 법칙을 악용하면 사람을 속이는 것도 어렵지 않다. 사기꾼이 눈을 보고 당당하게 거짓말을 하는 것은 상투 수단인데도 꿰뚫어 보지 못하는 사람이 많은 것은 그런 이유다.

선량한 독자 여러분에게 사기꾼이 되라고 말할 생각은 추호도 없으나 자신이 없는 기획을 통과시킬 때나 근거 없는 것을 설득하는 경우 등에는 상대의 눈을 뚫어지게 보며 이야기하는 버릇을 기르자. 비즈니스맨에게도 '거짓말도 하나의 방편' 이란 말이 있다.

고객이 "납기가 늦어지면 곤란한데 언제쯤 전달해 줄 수 있겠습니까?"라고 물어오면 어느 정도 속여서 빠른 납기를 말해 주지 않으면 고객은 주문서에 서명해 주지 않는다.

이런 경우, 사실은 2주일 걸린다는 것을 알고 있지만 "빠르면

10일이면 전달해 드리겠습니다. 확약은 할 수 없지만…" 하고 손님의 눈을 똑바로 보고 자신 만만한 표정으로 대답하는 것이 좋다. 그리고 10일 후에 "죄송합니다. 앞으로 4일만 말미를 주십시오" 하고 연락하면 된다. 일단 "확약은 할 수 없습니다" 하고 사전에 양해를 구했고 상대도 서명하였으니 취소하는 일은 없다.

그에 대해 정직한 세일즈맨은 상대의 눈을 보고 거짓말을 하지 못한다. 시선을 딴 데로 돌리면서 "저…납기는 빨라도 10일 후가 될 것 같습니다"라고 말했을 때 손님은 '거짓말 같군' 하고 생각하고 만다.

범죄 급의 큰 거짓이나 사람에게 상처 주는 거짓은 안 되지만 비즈니스에서 여기저기 잘 뛰어다니기 위한 '대수롭지 않은 거짓'이라면 허용되는 범위일 것이다. 나 같은 사람은 자신에게 가지고 온 의뢰서에 대해 자신이 없어도 상대의 눈을 보면서 "할 수 있습니다. 믿고 맡겨 주십시오" 하고 경솔하게 떠맡는 경우가 많다(고 할까, 매번 이런 식이다). 그러나 상대의 눈을 보고 자신 있게 말하기 때문에 나를 신용해 주는 것이다.

독자 여러분도 비즈니스에 득이 되는 애교 정도의 거짓은 겁먹지 말고 입에 담도록 하자. 그 때는 주눅 들지 말고 상대의 눈을 보는 것을 잊지 말라.

50. 대답하는 방법으로 신뢰도 높이기

비즈니스맨은 대충 다음 두 종류의 타입으로 나눌 수 있다고 생각한다.

①일을 정중하게 천천히 하고 완벽하게 마친다

②일을 다소 거칠지만 우선 재빨리 형태를 갖춘다

당신은 어느 쪽을 신조로 하겠는가.

심리학적으로 어드바이스 하려면 마땅히 취해야 할 스타일은 ②다. 완성된 작품으로 평가 받는 예술가들은 ①쪽이 좋겠지만 일반적인 비즈니스맨에 관해서는 적당히 해도 상관없으니 신속함을 모토로 하는 것이 좋다고 생각한다.

특히 고객으로부터 절대적인 신뢰를 얻는 영업사원이나 비즈니스맨은 일반적으로 행동이 빠르고 발이 가볍다. "이 상품, 가져다주십시오" 하고 고객으로부터 주문이 들어오면 재고가 있으면 그 날 중에 가지고 가자. 빨리 대응하면 손님은 당연히 기뻐해 준다. 사실은 2~3일 잠재워 두면 고객의 마음이 변해버릴지도 모르는 것을 걱정한 행동이었다고 해도 말이다.

고객이 질문해 오는 경우 즉시 어떤 회답을 내놓는 것도 신뢰받는 비결이다.

"이 상품이 팔리고 있어서 추가하고 싶은데 주말까지 몇 케이스 가져다 줄 수 있겠습니까?"라고 물어온다면 "재고를 확인하기 전에는 확실한 대답은 드릴 수 없습니다만 개인적인 판단으로 말씀드리면 100케이스라면 수배할 수 있다고 생각합니다"라고 우선 회답을 제시한다. 결국은 80케이스밖에 수배하지 못했다 해도 손님은 어느 정도의 기준을 듣게 되면 만족한다. "재고를 확인하지 않고서는 모르겠습니다"라는 한 마디로 이튿날이나 그 다음날까지 기다려야 하는 것이 오히려 고객으로서는 불안해지고 만다.

코넬 대학의 로버트 크라우드 박사에 의하면 절반은 적당한 대답을 해도 사이를 두고 대답하는 것보다 한순간에 대답하는 것이 정말인 것처럼 들린다고 한다. 사실상 사정이 어떨까 하고 진지하게 생각하면 우유부단해지고 만다. 그것보다 자기 나름의 단순한 예상이라도 좋으니 그럴싸한 대답을 해 주는 것이 정답이다.

상사가 "새 점포를 내는데 A시와 B시 중 어느 쪽이 좋을까?" 하는 상의를 해온다면 "A시입니다"든 "B시입니다"든 어느 쪽이든 좋으니 즉시 자신의 의견을 말하자. 그것만으로 상사는 '과연 듣고 보니 그런 느낌도 들고 상당히 믿을만한 부하를 가졌다' 하고 생각해 준다.

그 후의 이유는 입에서 나오는 대로 달면 된다. "내 감각적인 의견입니다만…"라든가 "근거는 없지만…" 하고 말하면 자기중심적인 의견으로 이야기해도 아무에게도 책임은 묻지 않을 테니까.

물론 메일의 회신도 빠를수록 좋다. 나는 메일의 회신이 늦은 상대의 말은 처음부터 신용하지 않기로 정했다. 내가 보낸 메일에 3일 이상이나 늦어서 대답해 오는 사람과는 사귀는 것 자체를 사양한다.

행동도 대답도 회신도 모두 퀵 레스폰스(quick response). 이 정신이 중요하다. 곧 반응을 보이는 인간처럼 전진하는 것이다.

51. 특종이 반드시 '왼쪽 위'에 쓰이는 이유

잡지 편집자나 광고대리점의 사람이라면 상식으로서 알고 있는 내용이다. 책이나 잡지를 펼쳤을 때 양쪽 페이지가 있는데 독자의 시선이 맨 먼저 향하는 것은 왼쪽 페이지의 왼쪽 위다. 이 때문에 왼쪽 페이지의 왼쪽 위에는 제일 구미가 당기는 기사나 제일 매력적인 사진을 올리는 것이 통례로 되어 있다. "야, 재미있는 페이지가 있구나" 하고 독자의 흥미를 끌기 위한 고안이다.

인간의 시선은 어지간히 비뚤어진 사람이 아닌 한 '왼쪽에서 오른쪽으로' '위에서 아래로' 흐른다. 특히 현대인은 세로쓰기보다 가로쓰기 문장을 읽을 기회가 많기 때문에 무엇이든 왼쪽 위에서 보는 버릇이 있다. 이 법칙을 알고 있으면 기획서나 팸플릿을 더 잘 작성할 수 있다. 다시 말해서 왼쪽 위에 제일 강조하고 싶은 내용을 기재하는 것이다.

예를 들면 당신이 다이어트 식품의 영업사원이라 하고 신제품의 팸플릿을 작성한다고 하자. '식사를 제한하지 않고 1주일 만에 5kg 살이 빠진다! 마법의 건강식품의 개발에 성공' 등 구매 의욕을 부추기는 한 마디를 왼쪽 위에 굵은 글씨로 기재해 두는 것이다. 다이어트에 관심이 있는 사람이라면 '어? 어떤 상품이지? 얼마면 살 수 있지?' 하고 팸플릿을 훑어볼 것이다.

'이것만은 꼭 말해 두고 싶다' 는 내용을 왼쪽 위에 가져가는 것이 룰이다. 문장 구성의 기본은 '기승전결' 의 순서에 너무 구애되어서는 안 된다. 개발 공정, 상품 개요의 순으로 써나가서 최후에 '1주일 만에 5kg 살이 빠진 예도 있습니다!' 라고 결론지었을 때 거기까지 읽어주었는지 의심스럽다.

읽히는 팸플릿이나 기획서는 반드시 결론부터 시작한다. 최초에 눈이 가는 왼쪽 위 부분에 구미가 당기는 요소가 없으면 아무도 그 팸플릿을 적극적으로 보려고 생각지 않기 때문이다.

아이오와 대학의 어원 레빈 박사는 '자료를 건네주어도 대개의 사람은 어차피 왼쪽 위밖에 보지 않는다' 라는 설을 발표했다. 레빈 박사는 왼쪽 위에 씌어 있는 자료와 서로 맞지 않은 데이터가 오른쪽 위나 하단에 첨부되어 있다 해도 대부분의 사람은 왼쪽 위의 자료만으로 결론을 내려 판단하는 것을 발견한 것이다.

따라서 꼭 말해두고 싶은 것은 왼쪽 위에 쓰고, 반대로 상대가 알아채면 불리한 것은 될 수 있는 한 하단의 눈에 띄지 않는 부분에 써 두는 것 같다. 계약서의 마지막 부분에 '만에 하나 사고가 발생해도 당사는 일체 책임을 지지 않습니다' 라는 식으로 피해갈 문구로밖에 생각할 수 없는 부대조건이 씌어 있는 것도 알아채기 어렵게 하는 작전일 것이다.

왼쪽 위에 '1주일 만에 5kg 살이 빠진다!' 라고 허풍 떨어도 끝 부분에 조그맣게 '효과에는 개인차가 있습니다' 하고 단서를 써 두면 거짓말한 것은 되지 않는다. "5kg이 안 빠졌잖아" 하고 클레임을 걸어와도 결국은 팸플릿을 구석구석까지 읽지 않았던 손님이 주의를 게을리 했기 때문이다.

52. 빨리 신뢰받는 사람이 '이야기를 시작하는 방법'

판매고가 높은 영업사원은 고객과 친구처럼 잘 사귄다. '상품을 사갔으면 좋겠다' 라는 속셈을 감추는 테크닉이 교묘하기 때문이다. 솔직히 말해서 '영업사원은 질색이다' 라고 느끼는 사람이 많지 않을까 한다. 그것은 영업사원의 얼굴에 '제발 사주시오' 라고 쓰여 있기(있는 것처럼 보인다) 때문이다.

손익 계산만의 교제를 요구한다는 것은 영업사원이기 때문에 당연하다고 이해하지만 역시 슬프다. '내게 말을 거는 것은 상품을 팔고 싶어서가 아닌가. 만약 팔아주지 않으면 어차피 돌아서서 다른 고객에게 달려가겠지' 하고 생각하면 고객도 씁쓸함을 느낄 것이다.

캘리포니아 대학의 마가렛 캠벨 교수는 설득 의도가 탄로 난 경우와 설득 의도를 느끼지 않게 한 경우, 상대방이 어떻게 성실함을 느낄 것인가를 비교하고 있다.

캠벨 박사는 한 의료 영업사원의 이야기를 실험적으로 두 종류 만들었다. 두 종류라 해도 한 문장만 다를 뿐이다. '의료 영업사원이 커미션이 탐나서 고객에게 겉치레 인사를 했다'는, 속셈이 드러나 있는 한 문장이 들어간 이야기와 '의료 영업사원이 고객을 기쁘게 하기 위해 즐거운 이야기를 했다'는, 속셈을 느끼지 않게 한 문장이 든 이야기로 나누어 100명의 피험자에게 읽힌 것이다.

그러자 속셈이 드러난 의료 영업사원은 속셈을 느끼지 않게 한 의료 영업사원보다 성실하다는 평가가 22%나 감소한 것이다.

영업사원도 직업이니까 당연히 업무 이야기를 빼고 고객과 세상 이야기를 할 수는 없다. 그러나 업무적인 이야기만으로 속셈을 전부 열어버리면 불성실하다고 여겨져서 결코 득이 되지 못하는 것이다. 영업하러 가도 값을 깎는 이야기 등은 일체 하지 않고 '꼭 영업하러 온 것만은 아닙니다' 라는 얼굴을 하는 것이 고객과 사이좋게 되는 비책이다.

　고객이 많은 영업사원은 성실하게 만나러 오는 데 비해 돌아 가는 것이 빠른 것이 특징이다. "잠시 이 부근까지 왔기에…" 하 고 얼굴을 보이고 "죄송합니다. 오늘은 팸플릿만 두고 실례하겠 습니다" 하고 중요한 세일즈토크도 하지 않고 돌아가 버린다.

　이런 느낌이 고객으로서는 견딜 수 없는 것이다. '어쩌면 나 를 만나기 위해 온 것뿐인가?' 라고 생각하면 약간 기분이 좋아 진다. 성실하게 '단지 만나러 가는 것' 을 할 수 있는 영업사원 은 고객으로부터 호감을 산다. 막상 일 이야기를 했을 때에도 쉽게 받아들여진다.

　고객에게 상품을 팔고 싶다면 상품보다 먼저 자신을 파는 것 이 지름길이다.

　누구나 그렇겠지만 생판 모르는 타인으로부터의 부탁은 간단 히 거절할 수 있지만 친구로부터의 부탁은 좀처럼 거절할 수 없다. 친구처럼 접근하는 영업사원으로부터 "팔아 달라"는 부 탁을 받았다면 사지 않을 수 없는 것이다.

　'친구' 처럼 접근하려면(친구인 것처럼 보이게 하려면) 속셈 을 보이지 말아야 할 것이다. 누구나 타산이 보이지 않는 친절 에서 순수한 기쁨을 느낀다.

53. 100점 평가를 받는 사람은 상대에게도 100점을 주는 사람

심리학의 세계에서는 '호의의 반보성(返報性)' 이라는 대단히 유명한 법칙이 있다. '자신이 상대에게 호의를 가지면 거울처럼 상대도 자신에게 호의를 돌려준다' 는 것이다. 사람 교제를 원활하게 하기 위한 가장 중요한 법칙이라 말해도 과언은 아닐 것이다.

이 법칙을 실증하는 자료는 너무 많아 일일이 셀 수가 없다. 비교적 최근의 자료로서 코네티컷 대학의 데이비드 케니 박사의 실험 사례를 들기로 하자.

케니 박사는 8명씩 그룹을 몇 개 만들어 정기적으로 8주일간 계속해서 회합을 갖게 한 적이 있다. 회합을 마칠 때마다 멤버끼리 서로 100점 만점으로 점수를 매기게 했는데 매번 관찰에서 대부분의 멤버에게서 공통점을 발견했다. 첫 번째 회합에서 A군이 B군에게 80점을 매겼다고 하면 두 번째 회합에서는 B군도 A군에게 80점 전후의 점수를 매겨 준 것이다. 서로 보여준 것처럼 서로의 평가가 놀랄 정도로 일치하고 있었던 것이다.

상대로부터 호감을 사고 싶으면 우선 자신이 상대를 좋아하면 된다. 당신이 먼저 상대에게 100점 만점을 매겨버리면 상대도 반드시 다음번에 당신에게 100점을 매겨 준다.

'저 사람은 나에게 벽을 쌓고 있다는 느낌이 든다.' 그런 상대가 있다면 틀림없이 당신이 먼저 상대에게 벽을 느끼게 하는 태도를 취하고 있음에 틀림없다. 혹은 마음 어디선가에서 상대를 무시하고 있을 것이다. 그런 기분을 가지고 있으면 태도로 나타내려는 심산은 없어도 상대에게는 전해지는 것이다.

원래 자신이 상대를 무시하고 있는데 상대로부터 정중한 취급을 해주기 바라는 것 자체가 뻔뻔스럽다. 누군가에게 미움을 사면 '내가 그 사람을 좋아하게 되지 않아서다' 라고 반성해야 할 것이다.

신약성서에는 '구하라, 그러면 주어진다' 라는 예수 그리스도의 말이 있다. '소망을 이루려면 자신이 적극적으로 움직이지 않으면 안 된다' 라고 설교하고 있다. 남에게 호감을 사고 싶으면 우선 이쪽에서 상대를 많이 좋아해 주어야 한다. 그것도 만나기 전의 얼굴도 모르는 상태에서 좋아하게 되면 상대로부터 호감을 살 준비는 완벽하다.

영업사원은 사람과 만나는 것이 일이다. 그렇다고는 하지만 느닷없이 첫 대면인 고객의 회사에 뛰어들 수는 없다. 대개는 사전에 전화나 메일로 약속 확인 등과 같이 주고받는 말이 있을 것이다. 그 전화 목소리나 메일을 사용하는 말투 등에서 '아름다운 목소리구나' 라든가 '깨끗한 문장을 쓰는구나' 하고 상대에게 반해버리는 것이 포인트다.

긍정적인 이미지를 부풀려서 멋대로 고객에게 반해버리는 것이다. 그렇게 하면 '호의의 반보성'에 의해서 막상 만났을 때 고객도 이쪽을 좋아하게 될 것이다. 붙임성 있는 영업사원은 첫 대면의 고객에게도 '얼마나 만나고 싶었던가' 하고 뛰어들듯한 밝은 웃음 띤 얼굴로 인사한다. 그것이 고객에게 사랑 받는 요령이라고 그들은 알고 있는 것이다.

54. 만만치 않은 상대라도 거절할 수 없게 만드는 심리 전략

무슨 까닭인지 인간은 추천이나 소개에 약하다. 추천서나 소개장이 있으면 처음 안 상대도 무조건 신뢰해 버린다.

이스라엘에 있는 헤브라이 대학의 야곱 슈르 박사는 "추천서나 소개장은 한 통보다 2통을 가지고 가는 것이 효과적"이라고 말한다. 슈르 박사는 제자들에게 한 카피라이터의 프로필을 보여주면서 "자신이 인사 담당자라고 가정하고 이 사람을 채용해야 할지 어떨지 결정해 주기 바란다"라고 부탁했다.

프로필은 '이전에 일하던 회사의 상사로부터 추천서를 가지고 왔다'는 조건과 '이전에 일하던 직속상관과 다른 상사로부터 2통의 추천서를 가지고 왔다'는 조건으로 나누어 물었다. 결과는 추천서를 2통 가지고 온 카피라이터 쪽이 '일에 대한 적성이 있다' '팀 정신이 있다' 라는 등 플러스 평가를 받았다고 한다.

이 실험이 보여주는 것은 '두 개의 정보원은 하나의 정보원보다 낫다' 는 것이다. 1통의 추천서라도 없는 것보다 낫지만 2통 가지고 가는 것이 위력을 발휘한다.

좀처럼 계약이 될 것 같지 않은 만만치 않은 고객을 만나러 갈 때에는 가능하다면 추천서를 2통 확보하라. 2통 있으면 범에게 날개를 단 격이다. 맥 빠질 정도로 쉽게 계약을 체결할 수 있을 것이다. "○○ 씨와 △△ 씨께서 소개해 주셨기에…"라는 식으로 말한다면 상대도 거절하기 곤란할 수밖에 없다.

그런데 추천서는 항상 얻을 수 있는 것이 아니다. 그래서 추천서나 소개장을 얻을 수 없는 경우의 테크닉도 가르치고자 한다. 그것은 흡사 소개받은 것처럼 하고 '다른 고객의 이름을 내놓는 것' 이다. 다시 말해서 '당신의 친구와 나는 잘 아는 사이입니다' 라는 얼굴을 하는 것이다.

"○○회사의 아무개 씨에게 전화번호를 물어서 전화 드리게 되었습니다."

"처음으로 메일을 보내게 되었습니다. 어드레스는 ○○상회의 K부장님에게 물어 알게 되었습니다."

이런 말을 들으면 추천서를 가지고 왔을 때와 같은 기분이 될 것이다. 사실은 소개받은 것이 아니지만, 상대가 잘 아는 이름을 대면 상대는 당신에게 심한 보복을 할 수 없게 된다. 실제는 당신과 전적으로 타인에 불과한 사람일지라도 그렇다.

상대가 알고 있는 이름을 입에 담기만 해도 추천서나 소개장에 필적하는 효과를 기대할 수 있다. 그리고 이 경우에도 한 사람의 이름보다 두 사람의 이름을 내놓는 것이 성공률을 높인다는 것도 기억해 두면 좋을 것이다.

맺는 말

내 책을 몇 권 읽은 독자라면 알 수 있을 것이라 생각하는데 나는 '몹시 불쾌한 녀석' 이다. '불쾌한 녀석' 이라는 것을 감추려고 하지 않기 때문에 나는 그것을 별로 의식하지 않았다. 하지만 이 책의 집필에 즈음해서는 약간 고생했다. 왜냐 하면 내 자신은 최초 1분에 상대로부터 반드시 호감을 살만한 인간은 아니기 때문이다.

내가 특기로 사용하는 전술은 상대를 심리적으로 위압하는 방법이다. 목소리를 거칠게 하거나 가지고 있는 볼펜으로 테이블을 톡톡 두드리면서 상대를 위축시키는 것 같은 짓만 한다. 생글생글 웃음 띤 얼굴을 하는 작전을 취할 때도 있지만 그 작전을 취하는 것은 상대가 주로 여성인 경우뿐이다.

그 때문에 "최고의 웃음 띤 얼굴을 보여주면 당신은 호감을 산다"라는 어드바이스를 할 때 약간 심적 갈등을 느꼈다. 나를 잘 아는 사람으로부터는 "너는 그런 짓을 하지 않지?" 하고 야단맞을 것 같다. 이 책에서는 호감 사는 방법과 상대보다 우위에 서는 방법 양쪽을 균형 있게 포함시켰다고 생각하지만 전자의 방법에 관해서는 나도 아마추어의 한 사람이라는 것을 여기서 말해 두고 싶다.

나는 심리학자이기 때문에 그 나름으로 심리학의 법칙이나 기법을 알고 있다. 그런데 "그것을 전부 실천할 수 있는가" 하고 물어온다면 "그런 일은 없습니다" 하고 대답하지 않을 수 없다. 나도 인간이기 때문에 당연히 잘하고 못하는 것이 있다. 독자 여러분도 이 책의 내용 전부를 완벽하게 익히기보다 자신이 공감을 느낀 테크닉 혹은 자신도 할 수 있을 만한 것을 중심으로 공부해 나가면 되지 않을까, 그것으로 충분하지 않을까 하고 생각한다.

　나 자신 아직 '최초 1분'에 백전백승이라는 것은 아니다. 모든 기술이 미숙하다. 본문 속에서는 자신 만만하게 "이렇게 하라", "저렇게 하라" 하고 기술했지만 그것도 이른바 자신 있는 심리학자로서의 입장을 고수하기 위한 최선의 연기라고 생각해도 상관없다. 진짜 나는 항상 쓸데없는 일로 우물쭈물하며 생각하고 괴로워하는 심약한 인간이다.

나는 직업 관계로 많은 사람들을 만난다. 그러나 진정한 의미에서 인상에 남는 사람을 만나는 일은 거의 없다. 고작 100명에 1명이나 2명 정도일 것이다. 다른 사람도 나와 같은 생각일 것이다. 이 때문에 나는 앞으로는 정진하여 상대방의 인상에 남는 한 사람이 되고 싶다. 아직 그 길은 험하다. 앞으로 독자 여러분과 함께 분발해 나갈 생각이다.

그런데 이 책의 집필에 즈음하여 프라임 와코 편집부의 노지마 준코 씨에게 많은 도움을 받았다. 이 책이 조금이라도 다른 책들과 선을 그을 수 있었다면 그것은 모두 노지마 씨의 덕택이다. 이 자리를 빌려 감사를 표하고 싶다. '나 같은 인간이 쓴 책을 누가 읽어주겠는가?' 하고 늘 생각하면서 집필하고 있지만 (자기 비하가 아니라 소박한 의문으로서) 최근에는 조금씩 격려의 편지를 받게 되었다. 정말로 용기를 얻을 수 있다. 앞으로도 최선을 다하여 좋은 책을 만들도록 노력함으로써 독자 여러분에게 보은할 수 있기를 희망한다.

나이토 요시히토

참고문헌

- Adler, R.B., & Elmhorst, J.M. 2005 Communicating at work. MaGraw-Hill.
- 相川充 2001 反常識の対人心理学 生活人新書
- Ambaby, N., & Rosenthal, R. 1993 half a minute: Predicting teacher evaluations from thin slices of nonverbal behavior and physical attractiveness. Journal of Personality and Social Psychology, 64, 431-441.
- 荒川弘司 2006 江戸商家の家訓に学ぶ商いの原点 すばる舎
- Ashton, N. L., Shaw, M. E., & Worsham, A. P. 1980 Affective reactions to interpersonal distances by friends and strangers. Bulletin of the Psychonomic Society, 15, 306-308.
- Broadstock, M., Borland, R., & Gason, R. 1992 Effects of suntan on judgments of healthiness and attractiveness by adolescents. Journal of Applied Social Psychology, 22, 157-172.
- Brock, C, I., Church, M. A., & Fraser, L.1986 Effects of duration of eye contact on judgments of personality characteristics. Journal of Social Psychology, 126.
- Brownlow, S. 1992 Seeing is believing: Facial appearance, credibility, and attitude change. Journal of Nonverbal Behavior, 16, 101-115.
- Campbell, M. C., & kirmani, A. 2000 Consumers use of persuasion knowledge: The effects of accessibility and cognitive capacity on

perceptions of an influence agent. Journal of Consumer Research, 27, 69-83.

- Cash, T. F., & Derlega, V. J. 1978 The matching hypothesis: Physical attractiveness among same-sexed friends. Personality and Social Psychology Bulletin, 4, 240-243.

- Coulson, M, 2004 Attributing emotion to static body postures: Recognition accuracy, confusions, and viewpoint dependence. Journal of Nonverbal Behavior, 28,117-139.

- Dejong, P.J. 1999 Communication and remedial effects of social blushing. Journal of Nonverbal Behavior, 23, 197-217.

- English, M. L., & Stephens, B. R. 2004 Formal names versus nicknames in the context of personal ad. Journal of Social Psychology, 144, 535-537.

- Gardner, B. T., & Wallach, L. 1965 Shapes of figures identified as a baby's head. Perceptual and Motor Skills, 20, 135-142.

- Gilovich, T. 1987 Secondhand information and social judgment. Journal of Experimental social Psychology, 23, 59-74.

- Griffitt, W., & Veich, R. 1971 Hot and crowded: Influences of population density and temperature of interpersonal affective behavior. Journal of Personality and Social Psychology, 17, 92-98.

- Gruenfeld, D. H., & Wyer, R. S. Jr. 1992 Semantics and pragmatics of social influence: How affirmations and denials affect beliefs in referent propositions. Journal of Personality and Social Psychology, 62, 38-49.

- Gueguen, N. 2001 Effect of perfume on prosocial behavior of pedestrians. Psychological Reports, 88, 1046-1048.

- Hamid, P. N. 1972 Some effects of dress cues on observational accuracy, a perceptual estimate, and impression formation. Journal of Social Psychology, 86, 279-289.

- Hancock, J. T., & Dunham, P.J. 2001 Impression formation in computer-mediated communication revisited. Communication

Research, 28, 325-347.

■ Hankins, N. E., Mckinnie, W.T., & Bailey, R. C. 1979 Effects of height, physique, and cranial hair on job-related attributes. Psychological Reports, 45, 853-854.

■ Hebl, M. R., & Mannix, L. M. 2003 The weight of obesity in evaluating other: A mere proximity effect. Personality and Social Psychology Bulletin, 29, 28-38.

■ Hemsley, G. D., & Doob, A. N. 1978 The effect of looking behavior on perceptions of a communicator' s credibility. Journal of Applied Social Psychology, 8, 136-144.

■ 平野友朗 2005 あなたの仕事が劇的に 変わるメール術 ビジネス社

■ 保坂 隆 2005 小さいことにクヨクヨしない方法 廣済堂文庫

■ Howard, J. L., & Ferris, G. R. 1996 The employment interview context: Social and situational influences on interviewer decisions. Journal of Applied Social Psychology, 26, 112-136.

■ Huguet, P., Croizet, J. C., & Richetin, J. 2004 Is "What has been cared for" necessarily good? Further evidence for the negative impact of cosmetics use on impression formation. Journal of Applied Social Psychology, 34, 1752-1771.

■ 福屋武人 1994 [第一印象]で得する人損する人 PHP研究所

■ Kenny, D. A., & Nasby, W. 1980 Splitting the reciprocity correlation. Journal of Personality and Social Psychology, 38, 249-256.

■ Klemmer, E. T., & Snyder, f. W. II 1972 Measurement of time spent communicating. Journal of Communication, 22, 142-158.

■ 小泉十三 2005 「頭がいい人」と言われる技術 サンマーク出版

■ Kraut, R. E. 1978 Verbal and nonverbal cues in the perception of lying. Journal of Personality and Social Psychology, 36, 380-391.

■ LaFrance, M., & Hecht, M. A. 1995 Why smiles generate leniency. Personality and Social Psychology Bulletin, 21, 207-214.

■ Lerner, R. M., Knapp, J. R., & Pool, K.B. 1974 Structure of body-build stereotypes: A methodological analysis. Perceptual and Motor Skills, 39, 719-729.

- Lewin, I. P., Wasserman, E. A., & Kao, S. F. 1993 Multiple methods for examining biased information use in contingency judgments. Organizational Behavior and Human Decision Processes, 55, 228-250.
- McFarland, C., & Buehler, R. 1995 Collective self-esteem as a moderator of the frog-pond effect in reactions to performance feedback. Journal of Personality and Social Psychology, 68, 1055-1070.
- McLachlan, J., & Logan,M.1993 Camera shot length in TV commercials and their memorability and persuasiveness. Journal of Advertising Research, 33, 57-61.
- McLachlan, J., & Siegel, M. H. 1980 Reducing the costs of TV commercials by use of time compressions. Journal of Marketing Research, 17, 52-57.
- Mast, M. S., & Hall, J. A. 2006 Women' s advantage at remembering others' appearance: A systematic look at the why and when of a gender difference. Personality and Social Psychology Bulletin, 32, 353-364.
- McArthur, L. Z., & Post, D. L. 1977 Figural emphasis and person perception. Journal of Experimental Social Psychology, 13, 520-535.
- Mehrabian, A., & Piercy, M. 1993 Affective and personality characterisitics inferred from lengh of first names. Personality and Social Psychology Bulletin, 19, 755-758.
- Mignault, A., & Chaudhuri, A. 2003 The many faces of a natural face: Head tilt and perception of dominance and emotion. Journal of Nonverbal Behavior, 27, 111-132.
- Moore, R. S. 2005 The sociological impact of attitudes toward smoking: Secondary effects of the demarketing of smoking. Journal of Social Psychology, 145, 703-718.
- Mueser, K. T., Grau, B. W., Sussman, S., & Rosen, A. J. 1984 You' re

only as pretty as you feel: Facial expression as a determinant of physical attractiveness. Journal of Personality and Social Psychology, 46, 469-478.

■ Murray, S. L., Holmes, J. G., Dolderman, D., & Griffin,D.W.2000 What the motivated mind sees: Comparing friends perspectives to married partners' views of each other. Journal of Experimental Social Psychology, 36, 600-620.

■ Neumann, R., & Strack, F. 2000 "Mood contagion" The automatic transfer of mood between persons. Journal of Personality and Social Psychology, 79, 211-223.

■ 日本世相調査研究会編 2006 相手を納得させる最強プレゼン&交渉術 日本文芸社

■ Park, B. 1986 A method for studying the development of impressions of real people. Journal of Personality and Social Psychology, 51, 907-917.

■ Paulhus, D. L. 1998 Interpersonal and intrapsychic adaptiveness of trait self-enhancement: A mixed blessing. Journal of Personality and Social Psychology 74, 1197-1208.

■ Peterson, L. R., & Peterson, M. J. 1959 Short-term retention of individual verbal items. Journal of Experimental Psychology, 58, 193-198.

■ Pickett, C. L., Gardner, W. L., & Knowles, M. 2004 Getting a cue: The need to belong and enhanced sensitivity to social cues. Personality and Social Psychology Bulletin, 30, 1095-1107.

■ Pieters, R. G. M., & Bijmolt, T. H. A. 1997 Consumer memory for television advertising: A field study of duration, serial position, and competition effects. Journal of Consumer Research, 23, 362-372.

■ Regan, P. C., & Lamas, V.L. 2002 Coustomer service as a function of shopper's attire. Psychological Reports, 90, 203-204.

■ Riordan, C. A., Marlin, N. A., & Kellogg, R. T. 1983 The effectiveness of accounts following transgression. Social Psychology Quarterly, 46, 213-

219.

- Sadalla, E. K., Kenrick, D. T., & Vershure, B. 1987 Dominance and heterosexual attraction. Journal of Personality and Social Psychology, 52, 730-738.

- 斉藤 勇 2001 第一印象の心理学 ワニ文庫

- Schul, Y., & Mayo, R. 1999 Two sources are better than one: The effects of ignoring one message on using a different message from the same source. Journal of Experimental Social Psychology, 35, 327-345.

- Schwartz, B., Tesser, A., & Powell, E. 1982 Dominance cues in nonverbal behavior. Social Psychology Quarterly, 45, 114-120.

- Spangenberg, E. R., Crowley, A. E.& Henderson,P.W. 1996 Improving the store environment: Do olfactory cues affect evaluations and behaviors? Journal of Marketing, 60, 67-80.

- Stern, G. S., & Manifold, B. 1977 Internal locus of control as a value. Journal of Research in personality, 11, 237-242.

- Storms, M. D., & Thomas, G. T. 1977 Reactions to physical closeness. Journal of Personality and Social Psychology, 35, 412-418.

- 多田文明 2005 断る氣さえ起こさせない交渉の技術 秀和システム

- 手塚 真 2000 ヴィジュアル時代の発想法 集英社新書

- Vonk, R. 2002 Self-Serving interpretations of flattery: Why ingratiation works. Journal of Personality and Social Psychology, 82, 515-526.

- Wanke, M., Bohner, G., & Jurkowisch, A. 1997 There are many reasons to drive a BMW: Does imagined ease of argument generation influence attitudes? Journal of Consumer Research, 24, 170-177.

- 渡瀬 謙 2005 知らずに差をつける！絶対成功する営業術 パンドラ新書

- Wayne, S. J., & Liden, R. C., 1995 Effects of impression management on performance ratings: A longitudinal study. Academy of Management Journal, 38, 232-260.

만남의 기술
〈첫 1분〉을 훔쳐라

초판 1쇄 인쇄 2008년 1월 7일
초판 1쇄 발행 2008년 1월 15일

지은이	나이토 요시히토
옮긴이	홍영의
발행인	김창기
편집·교정	이지혜
디자인·삽화	이민형

펴낸 곳	행복포럼
신고번호	제25100-2007-25호
주소	서울 광진구 구의3동 199-23 현대 13차 폴라트리움 215호
전화	02-2201-2350
팩스	02-2201-2326
메일	somt2401@naver.com

인쇄	평화당인쇄㈜

ISBN 978-89-959949-1-7